8R
3080

LE PROBLÈME SOCIAL

*Projet de création d'une Caisse du Travail
et de l'Escompte sur la Consommation. —
Société financière, industrielle et commer-
ciale. — Siège social à Paris.*

Il n'y a pas de question sociale;
Il y a une foule de questions socia[...]
Il y a une infinité de [...]

ÉDITÉ PAR L'AUTEUR

6, RUE LUC-LAMBIN, 6

Au Siège	**Aux Bureaux**
DE LA	DE
SOCIÉTÉ TYPOGRAPHIQUE	**L'IMPRIMERIE NOUVELLE**
parisienne	(Association ouvrière)
15, RUE DE SAVOIE	RUE DES JEUNEURS, 14

ET CHEZ TOUS LES LIBRAIRES

1881

LE PROBLÈME SOCIAL

8° R

Droits de traduction et de reproduction exclusivement réservés

au profit de la

Caisse du Travail et de l'Escompte sur la consommation

LE PROBLÈME SOCIAL

---

*Projet de création d'une Caisse du Travail
et de l'Escompte sur la Consommation. —
Société financière, industrielle et commer-
ciale. — Siège social à Paris.*

Il n'y a pas de question sociale;
Il y a une foule de questions sociales;
Il y a une infinité de rapports sociaux.

ÉDITÉ PAR L'AUTEUR

6, RUE LUC-LAMBIN, 6

Au Siège	*Aux Bureaux*
DE LA	DE
SOCIÉTÉ TYPOGRAPHIQUE	**L'IMPRIMERIE NOUVELLE**
parisienne	(Association ouvrière
15, RUE DE SAVOIE	RUE DES JEUNEURS, 14

ET CHEZ TOUS LES LIBRAIRES

—

1881

Au Président de la République

DES LETTRES

———————

Hugo,

Mon père n'est que mon père.

Toi, tu es mon père moral.

Tu m'as abreuvé des flots de ta magnifique poésie.

Je t'ai bu, je t'ai savouré, tu m'as enivré.

Tu vas me boire à ton tour, et tu l'enivreras.

Tu me boiras, de la première goutte jusqu'à la lie.

Tu n'es pas seulement le plus noble des génies; tu es le génie même.

Daigne entendre ce qu'un roturier — effleuré par ton baiser il y a quinze ans — peut créer après toi.

Je viens de faire la plus juste découverte qui se puisse imaginer dans le monde positif, dans le monde idéal, dans le monde scientifique, dans le monde artistique, dans le monde moral.

Je viens d'affranchir le Travail en constituant au profit du Capital une rente éternelle.

Je viens de répudier le patronnat.

Je viens d'affermir le droit de la femme.

Je viens de suspendre l'action des lois pénales.

Je viens de fermer les bagnes et les prisons.

Je viens de suvprimer l'échafaud.

Je viens d'épandre le grain d'une République universelle.

J'ai résolu la Question sociale.

Comment ?

En prouvant qu'il n'y en a pas.

Non, il n'y a pas de question sociale ; il y a une foule de questions sociales ; il y a une infinité de rapports sociaux.

Je viens d'unir indissolublement les intérêts et les forces productives : la fortune publique résulte de cette union.

Je viens de décréter le bonheur de l'humanité tout entière.

Je suis parvenu à démontrer la puissance de l'escompte sur la consommation.

Combien va donc changer la face de toutes choses !

Je fais plus que d'assurer aux travailleurs un lendemain.

Je fais plus que de garantir au capital une rente éternelle.

Je fais plus que d'associer tous les intérêts et toutes les forces.

Je condamne les hommes à l'honnêteté absolue.

Je moralise l'univers.

Je vais réconforter notre admirable Paris.

Je vais révolutionner notre immortelle France.

Je vais galvaniser la vieille Europe.

Je vais bouleverser la jeune Amérique.

Je vais susciter l'alliance de toutes les nations.

Christophe Colomb a rencontré un monde nouveau sous ses pas,

J'en ai fait jaillir un, armé de toutes pièces, de mon cerveau.

J'ai démasqué l'erreur.

J'ai découvert une vérité.

La vérité irréfragable.

Dis-moi, Hugo, s'il a été donné, même aux plus illustres, de faire souvent une pareille trouvaille.

Sens-tu que je te dis vrai ?

Sens-tu que j'ai enfin trouvé ?

Sens-tu combien je suis convaincu ?

Si tu doutes, viens visiter ma modeste demeure.

Je te fournirai la preuve.

Si tu crois, viens m'aider à faire resplendir l'éclatante beauté de l'idée.

Je puis d'un seul coup m'élever au niveau des plus rares esprits.

Je prépare un livre fraternel : les Trois Cahiers du Travailleur.

Au-dessus de ma griffe, il faut qu'on y remarque la tienne.

Viens !

A nous deux nous enfanterons un chef-d'œuvre.

Si tu ne viens pas, ce ne sera qu'un « brin d'œuvre », et je le signerai tout seul.

Hâte-toi : ma raison est près de sombrer.

Le projet est si vaste !

J'écris, j'écris ; non, j'improvise.

Mais je crains qu'il y manque quelque chose.

Mais je veux qu'il n'y manque rien.

Les mots me viennent tout seuls : je ne les cherche pas.

J'ai trouvé !

Ce sera le livre le plus attachant qu'œil humain ait jamais lu.

Ce sera l'acte d'association européo-américaine.

Ce sera le trait d'union entre tous les peuples.

Il crée à jamais l'amour.

Il détruit pour toujours la haine.

Il fonde pour jamais la paix.

Il tue à toujours la guerre.

Il porte en lui des millions; il réalise pour tous des milliards.

Viens, accours !

En présence des difficultés que je résous d'un seul mot, en présence des montagnes que j'aplanis d'un seul geste, ton incomparable génie de patricien s'inclinera devant mon humble rhétorique de prolétaire.

Honneur au travail !

A moi dans ce triomphe une bien faible part, je tout à toi.

A toi, Victor Hugo, qui m'as communiqué une parcelle de ta grande âme.

O avatar !

G. N

Paris, 13 octobre 1880.

A QUI DE DROIT

BIBLIOTHÈQUE NATIONALE — R. F. — IMPRIMÉS

L'œuvre ci-jointe s'adresse au premier magistrat de la République, aux présidents des deux Chambres, aux ministres, aux sénateurs, aux députés, à la municipalité parisienne, à tous les fonctionnaires; elle s'adresse aux hommes éminents qui ont consacré leur existence à l'étude des questions sociales; à ceux qui, pénétrés de l'évidence de ces questions, se sont, comme les premiers, livrés à la recherche des moyens propres à améliorer le sort du plus grand nombre; à ceux qui, dégagés de tout esprit de parti, n'appartenant à aucune école économiste étroite, sont prêts à appuyer de leur plume on de leur voix toute tentative faite en vue d'atteindre le but que es émancipateurs se proposent; à ceux qui, las d'asseoir leurs systèmes sur des abstractions illusoires, désireraient en connaître un nouveau, fondé sur la réalité, sur la méthode expérimentale, sur l'absolu; à ceux dont tout le programme tient en ces quatre lignes : « Constituer une société qui permette à chaque individu d'acquérir le maximum de son développement normal, et fournisse à chacun les moyens de recueillir les produits de cette activité; » à ceux qui ont médité la magnifique objurgation du Poëte : « Cette tête du peuple, cultivez-la, ensemencez-la, fructifiez-la, et vous n'aurez plus besoin de la couper! »; à ceux qui pensent, avec Montaigne, « qu'on doist dire ce que l'on sçait, tout ce que l'on sçait et comme l'on sçait »;

à ceux qui ont deviné, faute de le pouvoir lire, le livre de Francesco Vigano sur la « Fraternité humaine » ; à ceux qui n'ont pas craint de pencher leurs fronts sur cet abîme, le monde des « Misérables » ; à ceux qui, comme feu mon oncle Marius, le savant imprimeur orientaliste de Meulan, ont émietté leur vie sur des travaux arides ; à ceux qui, comme mon cousin Louis, « le Christ algérien », se sont faits les apôtres de l'association et ont ouvert les voies de l'affranchissement ; à ceux qui se sentent en l'âme l'amour de tout ce qui peut glorifier la France ; à ceux qui, de tous les points du globe, la regardent agir, afin de suivre son exemple, persuadés qu'elle va toujours en avant ; à ceux qui improvisent des illuminations comme on en a vu à Paris le 1er mai 1878 et le 14 juillet 1880 ; à ceux que n'effraye la réalisation d'aucune utopie ; à ceux qui pensent que Demain ne doit pas servilement imiter Hier si l'on peut le modifier dès Aujourd'hui ; à ceux qui, romantiques en 1830, étaient humanitaires en 48, fédéralistes en 70, et qui, de rêveurs qu'ils se montraient jadis, sont devenus positivistes ; à ceux qui ont conscience des devoirs que leur dicte la Déclaration des Droits de l'homme ; à ceux qui les auraient oubliés ; à ceux qui se sont faits les champions des immortels principes de 89 ; à ceux qui se sentent l'impuissance d'en arrêter le cours ; à ceux qui ont pour mission de répandre l'évangile de charité ; à ceux qui sont partisans du libre examen, de la libre pensée et de la morale indépendante ; à ceux qui portent dignement une épée et qui ennoblissent l'art militaire ; à ceux qui se sont joints à nous pour délivrer notre territoire ; à ceux qui ont combattu à Sedan, à Gravelotte, à Dijon, à Champigny, à Montretout ; à ceux qui ont vu l'attaque et qui connaissent la défense ; à ceux qui vivent au dedans de nos frontières et qui sont chez eux ; à ceux qui vivent au dehors et qui sont chez nous ; à ceux qui ont eu l'honneur de planter un drapeau sur un sommet quelconque ; à ceux qui professent le respect de la mort et l'inviolabilité de la vie ; à ceux qui ont prescrit et limité les règles imprescriptibles et illimitables du « Devoir » ; à ceux qui s'émeuvent autant des âpres besoins des hommes que des souffrances amères des femmes ; à ceux qui sont

pour le droit contre la force; à ceux qui rêvent l'ordre
et non l'anarchie; à ceux qui veulent le triomphe pacifique du bien sur le mal; à ceux qui s'étonnent que la femme soit mineure devant la loi civile et majeure devant la loi
pénale; à ceux qui s'évertuent à la tenir en tutelle; à ceux
qui travaillent à l'émanciper; à ceux qui, s'appliquant à pénétrer les mystères qui régissent les astres, se demandent quel
rôle peuvent bien jouer dans l'espace ces milliers de théories
coopératives célestes; à ceux qui, détenteurs privilégiés de
l'intelligence et du savoir, honorent de leurs mille travaux nos
cinq académies; à ceux qui se sont faits, pour développer l'ins-
truction du peuple, les vulgarisateurs de la science; à ceux qui
approfondissent nos lois; à ceux qui assistent de leur élo-
quence la veuve et l'orphelin; à ceux qui jugent et condamnent
à ceux qui sont jugés et condamnés; à ceux qui, comme les
Rothschild et les Pereire, ont fait de leur nom un symbole
d'opulence et de libéralité; à ceux qui interprètent nos grands
classiques, qu'ils pleurent avec le vieil Horace, rugissent avec
Clytemnestre, soupirent avec Esther, sanglotent avec Alceste
ou rient avec Scapin; à ceux qu'enivre ce porte-lance, Shake-
speare; à ceux qui ont signé des chefs-d'œuvre lyriques, et à
ceux qui nous les font goûter; à ceux qui charpentent les dra-
mes modernes; à ceux qui cisèlent de fines comédies; à ceux
qui labourent en tous sens le champ fertile de la pensée; à ceux
qui cultivent le roman d'analyse et s'exercent à implanter le
naturalisme au théâtre; à ceux dont le cœur déborde d'amour
philanthropique; à ceux qui sont dignes de recueillir les fruits
de cet amour; à ceux qui, comme Ernest Legouvé, font entendre à nos fils et à nos filles de profondes leçons de morale;
à ceux qui, sortis des rangs du peuple, se sont élevés
par leurs talents aux plus hautes situations; à ceux qui,
par bonheur exceptionnel, sont parvenus à conquérir leur émancipation et se feraient un devoir d'aider à l'émancipation commune; à ceux qui, fondateurs ou gouverneurs de grands établissements financiers, industriels ou commerciaux, ont décu-
plé la fortune publique, tout en illustrant le génie français
dans la finance, l'industrie et le commerce; à ceux qui veulent

édifier ; à ceux qui ne peuvent démolir ; à ceux qui fouillent la
terre pour la féconder et lui arracher ses trésors ; à ceux qui
ont des vignes au soleil et font pleuvoir sur nous les bon-
nes larmes du bon Dieu ; à ceux qui, comme les créateurs des
vastes bazars, honneur de la capitale du monde civilisé, ont su rallier autour d'eux mille coopérateurs et représentants ; à ceux qui
connaissent la rigoureuse puissance du chiffre ; à ceux qui ont
un capital et qui le ménagent, sachant combien de larmes il a
dû coûter ; à ceux qui estiment et honorent le capital, bien
que n'en ayant prou, jugeant qu'il faut honorer et estimer ce
qui implique toujours une somme immense de travail ; à ceux
qui ont fondé quoi que ce soit de noble et d'utile ; à ceux qui
ont essayé de fonder ; à ceux qui ont connu « le père François »
et qui ont méprisé son idée ; à ceux qui le connaissent, s'il
existe encore ; à ceux qui ont éventré des montagnes ; à ceux
qui vont tracer un passage à pied sec sous la Manche ; à ceux
qui ont fait entendre la parole humaine à travers les océans ;
à ceux qui ne désespèrent point de naviguer librement dans
l'air ; à ceux qui ont dompté la matière ; à ceux qui rêvent de
délivrer les esprits ; à ceux qui ne désespèrent point d'élargir
les âmes ; à ceux qui viennent de sortir des écoles ; à ceux qui
vont y entrer ; à ceux qui poursuivent la guérison de toutes les
gangrènes physiques et de toutes les lèpres morales ; à ceux
qui pansent toutes les blessures, apaisent toutes les douleurs,
lavent toutes les plaies ; à ceux qui s'aiment et à ceux qui se
haïssent ; à ceux qui désirent voir moins d'hommes au cabaret,
plus d'honnêtes femmes au foyer, plus de bébés au berceau,
moins de filles sur le trottoir ; à ceux qui ont participé
à l'éclatante manifestation de l'Exposition universelle ; à
ceux qui ont créé nos plus puissantes machines motrices ;
à ceux qui ont façonné les plus mignonnes ; à ceux
qui ont forgé nos meilleurs instruments ; à ceux qui
ont perfectionné nos moindres outils ; à ceux qui taillent
le marbre, sculptent la pierre, moulent le bronze, tordent le
fer, sertissent les diamants, fondent les métaux et tirent les
couleurs les plus suaves du plus noir charbon ; à ceux qui ont
transformé et amélioré nos procédés de fabrication, de trans-

port ou de main-d'œuvre; à ceux qui ont organisé des Sociétés ouvrières et à leurs disciples; à ceux qui président des Associations confraternelles et à ceux qui marchent sous leur bannière; à ceux qui administrent des Sociétés de secours mutuels et à ceux qui en font partie; à ceux qui ont été ou sont encore membres des conseils de prud'hommes; à ceux qui ont eu l'honneur de siéger dans les chambres syndicales et à ceux qui leur ont succédé; à ceux, au nombre de quatre cents, qui ont donné l'élan à l'Imprimerie nouvelle, vivant modèle offert aux autres corporations; à ceux qui avancent; à ceux qui reculent; à ceux qui se précipitent; a ceux qui s'arrêtent; à ceux qui cherchent à substituer à la cacophonie des intérêts l'harmonie des forces productives; à ceux qui dirigent ou ont dirigé des groupes ouvriers; à ceux qui se sentent capables d'en conduire; à ceux qui ont vu prospérer leur industrie parce qu'ils ont su éviter les grèves; à ceux qui ont entrevu la ruine parce qu'ils les ont subies; à ceux qui veulent la paix entre tous les hommes et entre toutes les classes; à ceux qui sont tombés pour une cause juste; à ceux qui leur survivent; à ceux qui possèdent l'instrument de travail; à ceux qui peinent pour l'acquérir; à ceux qui, après avoir lutté, souffert, désespéré du lendemain, sont parvenus au salut et n'attendent qu'un appel pour tendre la main à ceux qui luttent, souffrent et désespèrent; à ceux qui ont plus d'appétit que de dîner; à ceux qui ont plus de dîner que d'appétit; à ceux qui ont foi dans la fraternité humaine; à mes collègues; à tous les travailleurs !

POSITION DE LA QUESTION

—

Deux citoyens se rencontrent sur le boulevard et échangent à brûle pourpoint le colloque suivant :

« Piochez-vous encore le problème de l'Extinction du Paupérisme ?

— Toujours.

— Le croyez-vous réalisable ?

— Oui et non.

— Ce ne peut être oui et non ; c'est l'un ou l'autre.

— C'est oui, au point de vue théorique ; dans l'espèce, c'est autre chose, tant est grande la somme de produits à créer et de richesses à acquérir.

— Vous êtes donc parvenu à le résoudre, ce problème ?

— Je pense que Paris peut ajouter à toutes ses gloires celle de donner un corps à cette merveilleuse utopie.

— Par quel moyen ?

— Par la formation d'une vaste association.

— Euh ! euh !

— J'entends une association organisée sur des bases toutes nouvelles, une association au second degré, et embrassant les trois branches de la production nationale.

— Malepeste !

— L'association est un moyen mis à la portée de tous pour multiplier les forces de chacun.

— Au profit de quoi ? au profit de qui ?

— Au profit du pays et de la masse.

— Je comprends : vous êtes réformiste ou fouriériste, individualiste ou mutuelliste, collectiviste ou socialiste, communiste ou enfin anarchiste !

— Rien de tout cela : je ne m'occupe pas de politique, je ne relève d'aucune école ; je suis un homme sociable et positif.

— Farceur !

— J'estime que certains hommes valent une légion ; qu'un général a plus de poids que toute son armée ; que l'esprit a toujours primé la bête ; que la mort de Michelet fut une catastrophe ; que la disparition de Claude Bernard en a été une autre ; que la science doit parfois regretter l'absence de Gustave Lambert, de Sivel et de Crocé-Spinelli, et que l'art déplorera longtemps la perte d'Henri Regnault.

— D'accord. Cependant un homme vaut un homme.

— Oui et non encore. Deux forces isolées valent deux ; deux forces associées valent quatre.

— Vous essayeriez vainement de me rallier à vos doctrines.

— Tout le monde sait que ce qui était Vérité hier peut parfaitement s'appeler Incertitude aujourd'hui et demain se nommer Erreur.

— C'est possible, mais fort exceptionnel.

— Retournez la proposition : ce qui, hier, se nommait Erreur peut être considéré aujourd'hui comme Probabilité, et demain s'appeler Vérité.

— Pauvre cher, toujours dans les nuages ! Adieu !

— J'aurais voulu vous entretenir quelques instants.

— Une autre fois... j'ai tant d'affaires !

— Un quart d'heure à peine.

— Vous tenez donc bien à m'exposer votre système?

— Ce n'est pas un système, c'est tout au plus une méthode.

— Vous allez m'étourdir les oreilles de vos grands mots en « isme »... Quelle barbarie !

— Je vous ai dit déjà que j'étais simplement un homme positif et sociable. J'ai la conviction que nul spectacle ne serait comparable à celui d'une société au sein de laquelle aucune classe ne dominerait aux dépens d'une autre, et où toutes concourraient, dans une mesure égale, à cet unique résultat : la prospérité publique !

— Suis-je assez sot de vous écouter ?

— Un quart d'heure seulement...

— Allons, marchez ! mais faites vite.

— Je ferai de mon mieux. »

DÉVELOPPEMENT DE LA QUESTION

Vous êtes le Capital.

Je suis le Travail.

Vous êtes une individualité.

Je suis la masse.

Vous êtes l'unité.

Je suis le nombre.

Nous nous sommes déjà rencontrés bien souvent.

Nous avons eu besoin l'un de l'autre.

Vous ne me cherchiez pas.

Je vous attendais.

Chaque fois que vous avez eu dessein de recourir à mes services, je me suis présenté. J'ai travaillé, j'ai vécu.

Chaque fois qu'il vous a plu de me laisser « reposer », j'ai pâti.

Vous flâniez au soleil, savourant la vie et les douceurs de l'oisiveté.

Moi, je grelottais à l'ombre, et j'avais faim.

Quand la faim a été trop vive, j'ai pris le fusil, je me suis révolté.

Ma révolte a troublé votre quiétude.

Quand il vous plaisait de m'occuper, vous pouviez dormir tranquille.

Si je vous indiquais un moyen de m'occuper toujours, pendant que vous pourriez dormir toujours tranquillement, auriez-vous confiance en moi ?

Il y a, à Paris, nombre de locaux vacants ; il y a nombre de bras inoccupés ; il y a nombre de louis d'or improductifs.

Voulez-vous vivifier ces locaux ? utiliser ces bras ? multiplier ces louis ?

Voulez-vous me procurer, à titre définitif, l'instrument de travail après lequel j'ai toujours et si vainement couru ?

Je sais que vous possédez de l'argent, que vous étouffez de richesse, que vous suez l'opulence.

Moi, je crève de faim.

Donnez-moi l'instrument de travail.

Je vous le réclame, non pour le posséder pour moi, mais pour le faire valoir pour vous.

Confiez-le-moi simplement.

Vous m'avez toujours pris pour marchepied, prenez-moi enfin pour auxiliaire.

Vous verrez si, en m'assurant le lendemain, je ne vous sers pas avec un parfait dévouement !

Vous avez parfois rencontré un ancien ami de collège, ruiné de bourse et de santé par des prodigalités folles, à qui vous avez prêté sur sa bonne réputation ; il ne vous a point rendu.

Moi, qui ai si mauvaise réputation, vous verrez comme je sais rendre !

Je ne vous demande pas à vous, Capital, de « m'établir » moi, Travail ; je demande, moi, Travail, à « vous établir » vous, Capital.

Vous désignerez le quartier.

Vous choisirez le local.

Vous jugerez quel parti on en peut tirer.

Vous y ferez venir des marchandises, des bibelots, des comestibles, des joyaux ou des outils.

Selon ce que vous aurez décidé, je vendrai ou je travaillerai à votre nom.

En un mot, selon vos petits ou grands moyens, vous aurez un ou plusieurs, cent ou deux cents, mille ou deux mille, dix mille ou vingt mille établissements.

Moi, je les ferai valoir.

C'est simple, cela.

Toutefois, si vous me confiez la direction d'un trop vaste magasin ou d'un trop grand atelier, vous me permettrez bien de prendre un aide...

En ce cas, vous me le laisseriez choisir.

OUVRIER ET OUVRIER

Il y a fagot et fagot, n'est-ce pas ?

Il y a ouvrier et ouvrier.

Il y a celui qui se respecte dans sa personne et dans celle de ses confrères.

Il y a celui qui ne respecte pas autrui et qui se respecte aussi peu lui-même.

Il y a celui qui participe au mouvement social.

Il y a celui qui s'en bat l'œil.

Il y a celui qui a conscience des devoirs que lui impose la solidarité.

Il y a celui qui n'en a cure.

Il y a celui qui sait lire et faire un choix dans ses lectures.

Il y a celui qui ne sait ni lire ni penser.

Il y a celui qui s'est appris à chiffrer et qui tient des comptes.

Il y a celui qui ne peut additionner que sa paye.

Il y a celui qui porte une redingote, un pardessus, un chapeau, une montre.

Il y a celui qui ne porte qu'une blouse pour cacher l'absence de chemise.

Il y a celui qui est stable et laborieux.

Il y a celui qui est nomade et fainéant.

Il y a celui qui est sobre et qui se conserve l'esprit libre.

Il y a celui qui boit, et qui s'atrophie le cerveau.

Il y a celui qui, sans s'imposer de trop cruelles privations, économise.

Il y a celui qui gaspille insoucieusement jusqu'à son dernier sou.

Il y a celui qui vient me rendre visite et que je vais voir, qui se plaît à causer avec moi et qui m'intéresse.

Il y a celui qui ne fréquente personne, si ce n'est Gugusse, et qui ne parle pas, mais bafouille.

Il y a celui qui est scrupuleux dans ses engagements.

Il y a celui qui n'en contracte même pas.

Il y a celui qui revendique de hauts tarifs et qui en jouit légitimement.

Il y a celui qui n'a rien fait pour les conquérir et qui en profite tout de même.

Il y a celui qui est un digne citoyen.

Il y a celui qui est un fripon.

Il y a celui qui est mon collègue.

Il y a celui qui est un « sarrasin ».

Il y a celui qui est moral et qui peut tout.

Il y a celui qui est immoral, et qui ne peut rien.

Il y a celui qui est un homme.

Il y a celui qui est une brute.

Il y a celui qui est une valeur.

Il y a celui qui est une non-valeur.

Vous voyez qu'il y a ouvrier et ouvrier.

C'est pourquoi, si vous m'obligez à prendre un compagnon, je demande à le bien choisir.

L'OUVRIER QUI EST UNE VALEUR

Puisqu'un seul (pour le moment) nous intéresse, occupons-nous de celui-là.

C'est l'ouvrier syndiqué.

Il est parisien ou provincial, peu importe.

Depuis qu'on l'a vu sur le chantier ou dans l'atelier, on sait qu'il est sociétaire.

Pourquoi s'est-il fait recevoir d'une Société ?

Parce qu'il a compris, d'instinct, qu'ici-bas l'homme avait à remplir des devoirs sociaux.

Il pouvait s'en dispenser ; il était, celui-là, exceptionnellement doué ; il pouvait aller se présenter partout ; partout il aurait été reçu.

Il a préféré se faire admettre de la Société.

Cela, c'est un poinçon d'intelligence.

Son intelligence lui coûte 2 fr., 2 fr. 50 ou 3 fr. par mois.

Il est vrai que ses camarades l'estiment, le respectent, le consultent. Cela fait une petite compensation.

Et puis, il faut bien avouer que, dans les maisons où l'on occupe des sociétaires, il est rare qu'on occupe en même temps des non-sociétaires.

BIBLIOTHÈQUE NATIONALE R.F. IMPRIMÉS

Voilà donc un ouvrier qui paye 2 fr., 2 fr. 50 ou 3 fr. par mois pour une cause.

Cette cause, quelle est-elle ?

Elle consiste dans la défense d'un tarif.

Ce tarif a été conquïs à prix d'argent, à prix d'efforts et de larmes, à prix de grèves !

Il est plus ou moins rémunérateur ; il est comme il est, et si le patron ne l'observe pas strictement, on vide la maison.

Heureux quand le sociétaire, quittant ainsi inopinément un atelier et un quartier, trouve tout de suite de l'occupation, même dans un quartier excentrique !

Souvent il n'en trouve point.

Alors, comme il chôme par suite de mise-bas, la Société lui alloue 2 fr. 50 ou 3 fr. par jour.

Avec si peu, jugez si l'on saurait bien vivre.

Par bonheur, il y a un coup de main à donner quelque part, il ne tarde pas à se voir embauché.

Il n'a chômé que deux ou trois jours.

Mais le coup de main est bientôt fini ; la besogne a été enlevée d'autant plus vite qu'on avait à dérouiller ses bras et à montrer son habileté.

Voilà l'ouvrier syndiqué de nouveau condamné à l'inaction.

C'est alors que commence pour lui une épreuve terrible.

Il n'est plus en état de chômage pour cause de mise-bas, la Société ne lui doit rien.

Il va, il cherche, il se heurte à mille refus ; il dépense ses économies, car à l'infortune de manquer de travail s'ajoute la nécessité de faire descendre un ami de l'atelier à la porte duquel on frappe, et de lui offrir un verre à la buvette. Lui qui ne « prend rien » d'habitude, il boit, et cela se renouvelle plusieurs fois dans la journée. Quand, le soir, il rentre chez lui, il est plus las que s'il avait travaillé effectivement, et il se sent indisposé.

Le lendemain, un ami l'eût-il informé par carte postale qu'on lui a déniché une place, il ne se trouverait pas en état de l'occuper.

Il a bu.

Il est consciencieux.

Il préfère attendre.

Les économies s'en vont.

Les démarches continuent et les jours de chômage se succèdent.

Et toujours les économies, si chèrement achetées, disparaissent.

Si le malheureux est célibataire, ce n'est encore que demi-mal; il s'en tirera toujours; il trouvera du crédit s'il lui en faut absolument; on le connaît: c'est un bon payeur.

Mais si cet homme inactif est marié ? Vous entendez d'ici les plaintes de la ménagère irritée : « Pourquoi n'es-tu pas resté là-bas aussi ? Tu y étais bien ! Il y avait deux mois que tu y étais entré; nous avions cinquante francs d'économie, et maintenant les voilà mangés. Tu devrais y retourner. »

Il y a peu de femmes qui sachent, dans ces moments critiques, tenir un langage différent.

Oh ! la voix de la femme aimée et exaspérée ! comme elle vous fouille le cœur avec la rigidité d'un poignard !

Et le courage de l'homme s'affaiblit; sa volonté chancelle; son esprit se désoriente. Pressé par le besoin, il se demande s'il ne va pas trahir les devoirs de l'amitié afin d'étouffer la plainte qu'il redoute d'entendre encore le soir.....

Un ami passe, qui l'avertit que le différend est arrangé

à l'atelier menacé de « l'index », et qu'il peut y reprendre sa place.

Il était temps.

....

Lorsque, dans cette crise lugubre, il y a en cause, non seulement une femme, mais encore des enfants ?

Il ne se rencontre pas là cinquante francs d'économie tous les deux mois...

On vit plus ou moins bien, mais on vit au jour le jour.

L'heureux et paisible ménage, ensoleillé la veille, se voit tout à coup plongé dans l'inquiétude, dans l'angoisse, dans l'inconnu...

De la mêlée ardente des intérêts rivaux, prolétariat contre patronat, il est rare que l'un et l'autre n'en sortent pas meurtris.

Seulement, les meurtrissures du prolétariat sont plus profondes.

Allez ! cela coûte cher à l'ouvrier scrupuleux, conscient de ses devoirs de sociétaire et des besoins de son ménage, cela coûte rudement cher, la défense d'un tarif !

Voilà le compagnon que j'estime.

Voilà mon ami.

Voilà mon auxiliaire.

L'OUVRIER CASÉ

Celui-là, c'est tout à fait le chanceux par excellence.

Il a eu l'aubaine de tomber jeune sur une place lucrative, dans une heureuse et modeste maison, et il n'en est jamais sorti.

D'ailleurs, il a toujours fait un digne emploi de son exceptionnelle bonne fortune.

Il était déjà de l'association confraternelle, il a sollicité son admission dans une société de secours mutuels.

Le poinçon d'intelligence se double ici d'un brevet de moralité.

Il a tenu à s'incorporer à ces deux genres d'associations, la société corporative ou coopérative et celle de secours mutuels, qui forment actuellement les seules bases d'organisation sociale.

Ses moyens lui permettent de payer deux cotisations, et s'il est malade, il touche deux allocations au lieu d'une.

Il est même d'une troisième société, celle de sa maison, qui n'a aucun lien avec les deux autres.

Il serait de quatre, si les statuts de ses deux premières, par une interdiction formelle, ne le lui défendaient.

Ce serait une porte ouverte à la spéculation que de

toucher, n'étant qu'indisposé ou feignant de l'être, un traitement de 10 ou 12 francs par jour.

Mais il est rarement malade ; il ne l'est même jamais. On dirait que c'est sa bonne place qui lui vaut cela. S'il s'absentait, par plaisir ou par besoin, il lui semblerait que tout est perdu !

Cet homme heureux, qui respire la force et la santé, s'ingénie à se rendre utile : il est receveur ou visiteur, vérificateur ou administrateur, trésorier ou secrétaire. Il connaît tous ses collègues par leurs noms ; il sait leur âge, leur profession, leur demeure. Aussi, au jour des assemblées trimestrielles, tout le monde lui serre les mains avec effusion ; il les tend cordialement à tous, et il est certainement plus choyé, plus estimé, plus aimé, que ce gros boutiquier, un de ses nouveaux cosociétaires, reçu depuis plus d'un an et qui n'a encore accepté aucune fonction.

Ces ouvriers-là, dans leur atelier, y sont plus maîtres que le patron. C'est vers eux qu'on va aux renseignements, c'est par leurs mains que passe toute la commande, ce sont eux qui exécutent les articles les plus difficultueux et les plus délicats, c'est pour eux que l'apprenti — qui se tient au magasin la plupart du temps — monte un ou plusieurs étages demander : « Faut-y queuqu'chose avant qu'j'm'anaille ? » La réponse varie peu : « Allons, décampe, Iroquois ! »

D'ouvriers pareils les patrons font des contre-maîtres ; les ouvriers, des délégués à la chambre syndicale ; les électeurs, des membres du conseil des prud'hommes.

Ah ! si l'on pouvait se donner le luxe de pareils auxiliaires !

Si l'on pouvait !...

Mais que ne peut-on pas lorsqu'on sait ?

STATISTIQUE DU CORPS SOCIAL

Maintenant que vous connaissez à fond parmi quel monde j'irais recruter mes auxiliaires si le Capital voulait se donner la peine de comprendre ma petite combinaison pour faire valoir l'instrument de travail qu'il devrait bien me procurer puisque je ne puis l'acquérir tout seul et dont il n'aurait qu'à me confier l'entière direction s'il daignait consentir une bonne fois à dormir tranquille et pour toujours sur ses deux oreilles (tenez, Capital, essayez un peu, voir, de glisser une virgule dans la phrase de sept ou huit lignes que vous venez de lire : c'est du travail d'ouvrier syndiqué, ça!), maintenant que vous connaissez.... oh! vous pouvez la vérifier et la revérifier !.... je vais vous indiquer combien il s'en trouve à Paris et où se tient leur siège social.

CHAMBRES SYNDICALES OUVRIÈRES

(Statistique à compléter)

	Membres ou adhérents.
Apprêteurs d'étoffes, rue Saint-Germain, 135, à Puteaux.....................................	396
Apprêteurs en pelleterie, rue des Boulets, 54 (cité Beaumarchais, 6)................................	"
Balanciers, rue de Bièvre, 19.....................	"

Marbriers, rue du Pont-aux-Choux, 13............... »
Maréchaux-ferrants, faubourg St-Martin, 123....... »
Marqueteurs, boulevard Beaumarchais............. "
Mécaniciens, rue St-Sébastien (impasse St-Sébastien,
     8 et 10)... "
Mécaniciens en précision, avenue du Maine, 204..... 175
Mégissiers. rue des Cordeliers, 10 bis.............. "
Menuisiers en bâtiment, passage St-Pierre-Amelot, 8 »
Menuisiers-ébénistes, rue de la Roquette, 57......... "
Menuisiers à façon, rue des Gardes, 6.............. "
Menuisiers en voitures, avenue de Wagram, 35..... "
Menuisiers en sièges, rue de la Roquette, 57........ »
Modeleurs mécaniciens, rue St-Martin, 323.......... »
Mouleurs en plâtre, rue Véron, 25.................. »
Mouleurs en fonte, rue des Amandiers, 14.......... "
Musiciens instrumentistes, rue Pétrelle, 24......... "
Orfèvres, rue Moret, 11........................... "
Orgues et pianos, rue de la Roquette, 57.......... "
Opticiens, faubourg St-Jacques, 5................. "
Ornemanistes en carton-pierre, rue Pétrelle, 24...... "
Outilleurs en bois, rue Jean-Lantier, 8............. "
Ouvriers en glaces, faubourg St-Antoine, 80......... "
Ouvriers en voitures, avenue de Wagram, 35....... »
Ouvriers en limes, avenue Parmentier, 21.......... 25
Papetiers et régleurs, rue St-Denis, 98.............. »
Papiers de couleurs, rue des Panoyaux, 41.......... »
Papiers peints, rue de Montreuil, 3................. 130
Parqueteurs, rue des Bernardins, 22............... »
Passementerie parisienne, rue Ménilmontant, 40..... »
Passementiers à la barre, rue du Pressoir (impasse
     Célestin, 5)...................................... "
Paveurs, quai de l'Hôtel-de-Ville, 20.............. "
Pâtissiers, rue de la Ferronnerie, 3................ "
Peintres en bâtiment, rue Simon-le-Franc, 13........ 300
Peintres en décors, rue St-Marc, 8................. "
Peintres fileurs, rue Aumaire, 13.................. "
Plombiers pour le gaz, avenue Parmentier, 40......, "
Portefeuillistes, boulevard de Belleville, 61........ "
Relieurs, rue des Grands-Augustins, 28............. "
Raboteurs de parquets, rue des Billettes, 9.......... "

Scieurs de long, rue de Charenton, 134.............   "
Scieurs de pierres dures, rue Lecourbe, 21..........   "
Sculpteurs sur bois, rue St-Sébastien, 48...........   "
Selliers, rue de l'Hôpital St-Louis, 5 ....   "
Serruriers, rue des Filles-du-Calvaire, 7............   "
Sertisseurs, rue Turbigo, 70......................   220
Tailleurs, rue Rochechouart, 9 (passage Briaré, 12)..   "
Tailleurs coupeurs, rue de Cléry, 47...............   "
Tailleurs de cristaux, rue Lalli-Tollendal, 4.........   "
Tailleurs et scieurs de pierres, rue Dautancourt, 30..   "
Teinturiers gantiers, boulevard de la Villette, 120...   »
Teinturiers dégraisseurs, rue de Lacépède, 10.......   "
Terrassiers, passage Brunoy, 14. ....   "
Tisseurs, rue des Envierges, 12....................   "
Tôliers, rue de l'Hôpital St-Louis, 5...............   "
Tonneliers, rue de Bercy St-Antoine, 209...........   »
Tourneurs en chaises, rue de la Roquette, 57........   »
Tourneurs décolteurs, rue Popincourt, 39.........   »
Tourneurs en optique, rue Charlot, 71..............   »
Tourneurs robinettiers, rue des Filles-du-Calvaire, 7.   200
Treillagistes et Rustiqueurs, avenue du Roule, 93.   "
Typographes, rue de Savoie, 15....................   2,400
Vanniers, rue du Petit-Pont, 3....................   »
Vernisseurs sur cuirs, rue de Montreuil, 18.........   »
Voyageurs de Commerce, rue de Grammont, 3.......   "

CHAMBRES SYNDICALES PATRONALES
(Statistique à établir)

SOCIÉTÉS DE SECOURS MUTUELS
(Statistique à compléter)

	Membres ou Adhérents.
Association des comptables du Commerce et de l'Industrie du département de la Seine, rue de Turbigo, 6	2,613
Les Amis de l'Humanité, rue Chapon	200

Société des Quatre-Quartiers (XVIe arrondissement),
    avenue du Trocadéro, 117.....................   494
Société des Quatre-Quartiers (XVIIe arrondissement),
    à la Mairie.......   1,000

L'Union ouvrière, société coopérative et de consommation, cité Griset, 14 (rue Oberkampf, 125), réunit une centaine d'adhérents.

Etablir d'une façon parfaitement précise le dénombrement du corps social, est un travail qui présente assez de difficultés. Point n'est besoin d'insister là-dessus.

C'est aux présidents et administrateurs de toutes les Associations ayant un nom à Paris d'aider l'auteur dans la tâche qu'il a entreprise. Il conviendrait peut-être aussi d'indiquer, en même temps que le nombre exact de leurs membres ou adhérents, la date de fondation de toutes ces Sociétés confraternelles. Si difficile à faire que paraisse ce travail, il ne peut point nous arrêter ; il existe à Paris environ 150 Chambres syndicales ouvrières ; 180 Sociétés de secours mutuels approuvées et 160 analogues, simplement autorisées ; on doit atteindre un chiffre fort respectable, celui de deux cent mille au moins, de telle sorte qu'en le montrant avec fierté au Capital, on puisse lui dire :

Voilà des ouvriers.

Voilà des coopérateurs.

Voilà des auxiliaires.

ENTRÉE DE DUO

LE TRAVAIL. — Voilà vos ouvriers, coopérateurs et auxiliaires.

LE CAPITAL. — Comment ! vous voulez que j'emploie tout ce monde-là ?

LE TRAVAIL. — Parfaitement.

LE CAPITAL. — Où voulez-vous que je le mette ?

LE TRAVAIL. — Je n'en sais rien, mais vous l'occuperez, et bien d'autres gens avec, car ce monde-là aura des correspondants à Paris, en province et même à l'étranger.

LE CAPITAL. — C'est impossible !

LE TRAVAIL. — C'est fort possible, vous dis-je ! Vous occuperez ces gens, et mille autres encore, parce que je vais vous indiquer le moyen de doubler un capital quelconque tous les cinq ans.

LE CAPITAL. — Mais si je ne désire point vous confier mon argent ?

LE TRAVAIL. — J'irai porter mon idée à Londres, à New-York ou à Bruxelles (je n'irai pas ailleurs, par exemple !), et les Brabançons, les Yankees et les Anglais seront tout surpris d'avoir tranché la Question sociale, eux qui ne la cherchaient pas !

LE CAPITAL. — Comment pourriez-vous en cinq ans doubler un capital quelconque ?

LE TRAVAIL. — En produisant, en fabriquant, en confectionnant, en échangeant, en vendant et en consommant moi-même.

LE CAPITAL. — Il y a tant de choses qu'on exécuterait en un jour et tant d'autres qu'on n'accomplirait pas en cinq ans, que j'avoue ne point vous comprendre...

LE TRAVAIL. — Alors, vous désirez que je vous développe ma méthode ?

LE CAPITAL. — Oui, faites vite.

LE TRAVAIL. — Ah ! je vois que vous vous sentez piqué au jeu !

LE CAPITAL. — Dame ! vous avez l'air si assuré, si résolu, si convaincu...

LE TRAVAIL. — Oui, je suis convaincu. Il ne m'a fallu qu'un mois pour vous écrire ce livre (ce mois comptera double dans ma vie, tant j'ai laissé saigner mon cœur trente jours et trente nuits) ; mais voilà, sans mentir, trente ans que j'y travaillais.

LE CAPITAL. — Quel âge avez-vous donc ?

LE TRAVAIL. — Trente ans.

LE CAPITAL. — Décidément, vous vous moquez !

LE TRAVAIL. — J'ai trente ans de labeur stérile.

L'IDÉE

Elle repose tout entière sur l'emploi du budget consacré par chacun à sa consommation.

Ce budget est un capital.

Il est dépensé ici et recueilli là.

Il va de la poche du consommateur dans la poche du producteur, du fabricant, de l'industriel, du commerçant.

Il y va infailliblement et n'en sort plus.

Le consommateur, lui, se contente de payer et de l'abandonner.

Il a tort de l'abandonner.

Ce budget devient ainsi la richesse d'un seul ; il pourrait rester la richesse des deux.

Ce budget arrondit trop l'un au détriment de l'autre.

D'où vient que le boutiquier, dont j'ai besoin autant qu'il a besoin de moi, gagne tout sur ma dépense et que je ne gagne rien sur la sienne ?

De quel droit me fait-il supporter toutes ses charges et ne supporte-t-il pas un peu des miennes ?

D'où est née cette anomalie de lui donner tout et de ne garder rien ?

Vous me direz qu'il a risqué des fonds et qu'il est juste qu'il en tire profit...

C'est vrai.

Vous me direz qu'il ne peut troquer son argent contre des produits et ses produits contre de l'argent sans réaliser un certain bénéfice...

C'est encore vrai.

Vous me direz qu'il a un loyer à acquitter, un personnel à nourrir, une femme à contenter, des enfants à éduquer, une fille à doter...

Tout cela est vrai.

Mais n'ai-je pas aussi tout cela, hormis le personnel ?

Quelle malice y a-t-il à peser du pain, à parer de la viande, à transvaser des liquides, à casser du sucre, à dévider de la soie, à poser une serrure, à compter des clous, à fendre une bûche, à tailler une redingote, à garnir un chapeau, à raboter une planche, à couper du beurre ?

Aucune.

La malice consiste à vous prendre votre monnaie et à ne vous en rien rendre.

Tous vos gens établis font cela en vous débitant des sornettes.

S'il y fallait du génie, auriez-vous tant de marchands ?

Quelle différence faites-vous entre le boutiquier qui attend la pratique sur le pas de sa porte et le chasseur qui guette le lapin au coin d'un bois ?

Je n'en vois point.

L'un blesse l'autre.

Le premier vit sur la peau du second.

Quoi ! j'émarge des appointements plus ou moins rémunérateurs, je les dépense pour la satisfaction de mes besoins, je les donne à qui m'oblige de les lui donner, et il ne m'en reviendra rien ?

> Quoi ! passés pour jamais ? quoi ! tout entiers perdus ?

Ce Pactole, tombé goutte à goutte dans un comptoir, ne rejaillira plus sur moi ?

Cela ne devrait pas être.

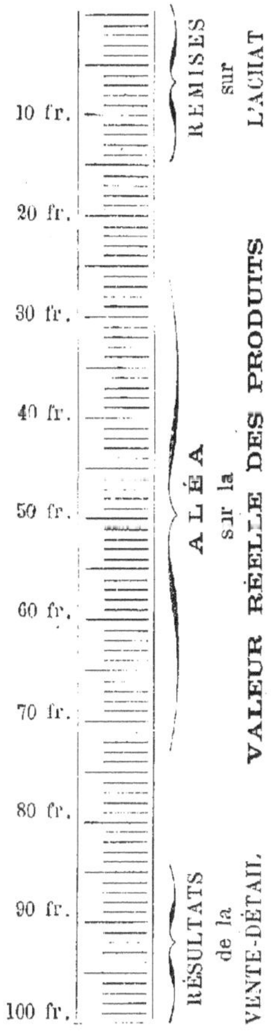

Cela est anormal
Cela est injuste.
Je vais vous le démontrer.

La situation du marchand vis-à-vis de l'acheteur n'est pas du tout la même que celle de l'acheteur vis-à-vis du marchand.

Il fait deux opérations.

Vous n'en faites qu'une.

Il achète et il vend.

Vous ne pouvez qu'acheter.

Or, je vois bien le taux auquel il vend ; je ne vois point celui auquel il achète.

Tout ce que je sais, c'est qu'il achète en gros ou en demi-gros (c'est son affaire !), et qu'il me revend en détail.

Il rogne des deux côtés, sur l'achat et sur la vente.

Il ne se contente pas de toucher une remise de 10, 12, 15 et 20 0[0 sur ses opérations d'achat ; il gagne encore une somme quelconque sur le débit et me fait contribuer, de plus, à son aléa sur la valeur réelle.

Or, quand il a écoulé sa marchandise et qu'il n'a subi aucune perte, chose qui se présente chaque jour, il n'en a pas moins touché son escompte sur l'achat, il n'en a pas moins offert aucun sur la vente ; il n'en a pas moins pré-levé une dîme sur l'aléa : il a donc spéculé sur trois sources de bénéfices.

A la façon dont procèdent les uns pour vendre et les autres pour acheter, il y a un écart tellement excessif, que le mot lancé il y a près de quarante ans par Alphonse Karr est toujours neuf : « Combien il existe de riches qui n'au-raient pas les moyens d'être pauvres ! »

Si les gains étaient mieux répartis des deux côtés, je me retirerais comme se retire le boutiquier ; je ne puis pas le faire ; donc, on me chipe.

On me dira : le commerçant pourtant vous vend au plus uste prix ; s'il ne le faisait pas, la concurrence serait là pour l'y obliger ; on vous vend tout au rabais.

Le rabais ! on veut dire la limite de rabais que nul commerçant ne franchit, celle qui lui est dictée par son esprit mercantile. Ce rabais permet à mon épicier de se retirer après dix ans et de faire place à un autre. Moi, je travaille toujours sans résultat.

C'est légal, parce que c'est l'usage ; mais cela me semble quelque peu incorrect.

Il plaît à un bonhomme de se donner du tintouin pendant dix ans, et, ce temps de pénitence accompli, d'aller à la campagne vivre de ses rentes, grappillées sur mon salaire, sur mes appointements, sur mes honoraires, sur mes petits sous...

Cela ne doit pas être, et cela ne sera plus.

Le contrat tacite exécuté entre le marchand et le consommateur est une tricherie, qui doit faire place à un autre contrat.

Vous touchez un escompte sur tout ce que vous achetez.

Vous m'en devez un sur tout ce que je consomme.

Cet escompte est pour vous le premier échelon de la fortune ; qu'il soit pour moi le dernier rempart contre la misère.

Mon salaire est un capital.

Ma consommation en découle.

Dans l'escompte, je dois recouvrer une partie de mon capital.

L'escompte est un droit.

Puisque l'ordre de choses existant ne vous permet pas de me le donner, procurez-moi l'instrument de travail, à moi infortuné qui contribue tant à la fortune publique, et je vous servirai cet escompte.

L'ESCOMPTE SUR LA CONSOMMATION

Mais, avant de pouvoir donner au consommateur un escompte, il faut que je travaille, que je produise, que j'échange, que je bâtisse, que je charpente, que je confectionne, que je sème du blé, que je pèse des sacs, que je plante des choux, que je cultive des fleurs, et, ces préparatifs achevés, que je mette tout au point, que j'expose au marché, et que je vende.

Je ferai tout cela, et je vous fournirai l'escompte.

Des remises sont offertes aux maîtres financiers, aux grands industriels, aux forts négociants.

L'escompte est fait à tout acheteur en gros ; nous le ferons à l'acheteur au détail.

Tout donne lieu à échange et à bénéfice ; tout doit donner lieu à escompte.

Cet escompte formera une sorte de « sous-capital » qui sera le résultat de la dépense trimestrielle de chacun.

Le livret de consommation en fera foi.

Tels particuliers, tels ménages dont la dépense quotidienne est de 5, 6, 8, 10, 12, 15 fr. et plus par jour, se trouveront donc, quatre fois par an, appelés à bénéficier de 25, 30, 40, 50, 60, 80, 100 fr., ou mieux encore d'escompte.

4.

Chaque trimestre, on devra se présenter, pour toucher, aux guichets de la Caisse du Travail.

Le consommateur, très paresseux de sa nature, n'aura à se déranger que quatre fois dans un an.

L'escompte, calculé approximativement sur le quantum des bénéfices, sera prélevé et réparti avant toutes choses.

Il sera d'abord de 5 ou de 6 0/0.

Il augmentera à mesure que s'accroîtra le chiffre des affaires.

S'il peut être de 8, il sera de 8; s'il peut être de 10, il sera de 10; s'il peut être de 12 ou de 13, il sera de 12 ou de 13; s'il peut être de 15, il sera de 15. Il est douteux qu'il puisse jamais s'élever jusqu'à 20.

Pourtant on verra.

Ceux de nos clients qui voudront l'empocher tout de suite l'empocheront.

Ceux qui voudront le laisser grossir et se capitaliser à la Caisse, l'y laisseront.

On le touchera quand on voudra.

Le lendemain, ou... vingt ans après.

L'escompte sera, pour tout l'exercice trimestriel, du taux qu'on aura indiqué le premier jour; il sera de ce que notre journal annoncera qu'il est au moment où l'on voudra s'en servir (département Finance, chapitre Pensions), soit 6, 8, 10, 12 ou 15 0/0.

Nous ferons connaître plus loin pourquoi nous ne devrons avoir absolument rien de caché.

Quel qu'il soit, on servira l'escompte — qui est le droit, — et on le donnera le plus fort qu'il sera possible.

LE MOYEN

Le moyen est simple comme tout le reste de la méthode.

C'est pour nous, financier, industriel ou commerçant, de mettre à l'étude la composition d'un livret de consommation, renfermant tout ce qu'on peut imaginer d'utile, classé par ordre alphabétique, et de vous remettre ce livret.

C'est pour vous, consommateur, de lire ce livret, parce qu'il vous indiquera le mécanisme de la Société que nous allons fonder.

Enfin c'est, pour tous, de consentir à se servir de ce livret, parce qu'il contiendra des colonnes disposées clairement, de façon à pouvoir enregistrer, à sa date régulière, la dépense que vous aurez faite et en obtenir le résultat voulu.

Ce livret, orné d'un numéro matricule et enrichi d'un fermoir comme tout livre de piété, sera commode à porter et détaillé si intelligemment que le montant de vos achats s'additionnera tout seul, en vue de faciliter les relevés trimestriels.

La Caisse du Travail ouvrira autant de comptoirs que le capital souscrit lui permettra d'en ouvrir; elle les emplira des meilleures marchandises que ses correspondants, producteurs, fournisseurs ou fabricants, lui enverront directement (on sait ce que coûtent les intermédiaires); elle versera à ses clients un vin qui ne sera pas frelaté, elle leur fera manger un pain préparé par les plus parfaits pétrisseurs, elle leur fera savourer un café sans mélange innommable, et les clients accourront parce qu'il ne leur faudra que trois jours pour se convaincre qu'on ne veut point les exploiter.

La Caisse du Travail n'aura pas d'intermédiaires; elle n'aura que des représentants, des correspondants, des dépositaires et des associés.

Un article de ses statuts devra viser et menacer de radiation ceux des coopérateurs qui auront cherché à détourner à leur profit un avantage quelconque offert par les producteurs.

Mais ces multiples entrepôts, ces magasins, ces boutiques, ces ateliers, ces usines, ces comptoirs, qui les tiendra ? Ce monde imaginaire dont vous me faites entrevoir la création, qui le peuplera ?

N'avez-vous donc pas déjà pénétré mon moyen ?

J'irai choisir mes auxiliaires parmi les ouvriers syndiqués.

Eux seuls présentent une « surface morale », surface sur laquelle on table aujourd'hui comme offrant la plus sûre des garanties.

Il y a longtemps qu'ils habitent Paris; il y a longtemps qu'ils défendent leurs tarifs; il y a longtemps qu'ils versent des cotisations qui témoignent de leur esprit de solidarité; il y a longtemps qu'ils ont établi entre eux des rapports qui constatent leur fidélité, leur zèle, leur honnêteté, leur souci du lendemain et de leurs devoirs sociaux... tout ce qu'ils ont rêvé, tout ce qu'ils ont tenté, tout ce qu'ils ont échafaudé, projeté, accompli, tout me garantit leur probité. J'en ferai mes auxiliaires.

Ils auront l'instrument de travail — qui sera toujours à toi, Capital, et qui t'assurera des revenus éternels, — mais cet instrument, ils le feront valoir aussi pour eux.

Donc, si j'ai besoin de cinquante boulangers, j'irai rue Saint-Martin, 191, chercher cinquante boulangers.

S'il me faut quinze horlogers de plus que ceux que j'aurai choisis tout d'abord, j'irai rue Oberkampf, 71, chercher quinze horlogers.

Si je puis occuper une trentaine de comptables, j'irai rue Turbigo, 6, demander trente comptables.

Si j'ai à requérir l'aide de vingt cochers, j'irai rue de Rocroy, 14, chercher vingt cochers.

S'il me faut un concours supplémentaire de quarante cordonniers, j'irai rue Saint-Sauveur, 81, chercher quarante cordonniers.

Si j'ai enfin à rechercher cent serviteurs fidèles, je me rendrai au siège de la Société des gens de maison.

Et je leur créerai, par ce seul fait, un sort qu'ils n'ont jamais connu ni entrevu — je les logerai.

Pas tous, bien entendu, mais quelques-uns.

La plupart des ouvriers parisiens demeurent loin de leur travail, parce qu'ils sont occupés tantôt ici, tantôt là; ils se consument en marches pénibles; ils usent leurs chaussures, fatiguent leurs vêtements, souffrent par tous les temps; ils sont exténués l'été, ils grelottent l'hiver, ils sont trempés quand il tombe de l'eau, glacés quand il grêle ou qu'il neige... Eh bien! ils ne connaîtront plus cela. Ils se fixeront dans le quartier où ils seront employés.

Voilà quel sera le lot de mes auxiliaires-ouvriers.

Quant à mes auxiliaires-dirigeants, boulangers, épiciers, bouchers, rôtisseurs, marchands de vin, ébénistes, fleuristes, tailleurs, ferblantiers, menuisiers, chemisiers, chapeliers, etc., comme il est de toute justice qu'ayant une responsabilité, ils reçoivent un dédommagement, je leur procurerai un logement dans la maison même où ils seront dirigeants (le logement ne fait-il pas corps avec la boutique ?), afin qu'ils aient toujours l'œil sur des trésors qui appartiendront à la Société, c'est-à-dire à toi, Capital.

Ils tiendront leurs maisons en ordre mieux que ne sont tenus les ministères ; ils possèderont à fond le contenu de leurs livres ; ils inspecteront les détails comme on ne le fait dans aucun endroit ; ils recevront la clientèle en habit noir et en cravate blanche s'il le faut, ces plébéiens ! ils s'efforceront, après avoir découvert « le bien », de trouver « le mieux » (le mieux n'est nullement l'ennemi du bien), et, en outre de leurs émoluments et de leur indemnité de logement, je les intéresserai — oh ! pour une bien minime part ! — à mes bénéfices.

Ils vivront heureux ; ils contracteront des liens que beaucoup d'entre eux, les plus réfléchis, ne contractent malheureusement pas dans l'ordre de choses actuel ; ils noueront des relations familiales et auront beaucoup d'enfants, et leurs enfants, à leur tour, en auront beaucoup d'autres, parce que la France en attend et est en droit d'en attendre ; et tous ces auxiliaires s'amasseront des rentes sans y penser, tout naturellement... en consommant chez eux et ailleurs.

Voilà mon moyen.

DÉVELOPPEMENT DU MOYEN

Donnons une idée plus large du moyen.

Vous avez, vous, Capital, arrêté le chiffre que vous désirez consacrer au service de l'idée ; vous en avez disposé à votre fantaisie ; vous avez cru bon de faire ceci ou cela, vous l'avez fait, toutefois sur les indications de ma méthode.

La méthode consiste, étant donnés le quartier et la spécialité à créer, à consacrer 20,000, 30,000, 40,000, 50,000, 80,000, 100,000, 150,000, voire 500,000 francs, à l'agencement élégant — quoique simple — d'une maison d'industrie ou de commerce, et d'en calculer le rapport approximatif de telle sorte que cette maison puisse rendre son prix d'achat en cinq ou six ans.

Or, voici à quoi le capital souscrit aura donné naissance.

A la création d'une vaste entreprise comprenant trois branches :

FINANCE,

INDUSTRIE,

COMMERCE.

Votre maison, sous la raison sociale de Caisse du Travail et de l'Escompte sur la Consommation, sera spédivisée en trois départements ayant chacun son budget spécial.

Les trois départements, ayant proposé, rédigé et arrêté leurs statuts, et étant tombés d'accord sur tous les points, ont fait acte d'association.

Bref, ils se mettent à l'œuvre.

Chaque département possède son conseil d'administration, son comité de contrôle, ses directeurs généraux, ses directeurs ordinaires, ses sous-directeurs, ses secrétaires, ses trésoriers, ses caissiers, ses sous-caissiers, ses inspecteurs, son économat, etc.

Chacun utilise ses ressources pour son propre bien d'abord, ensuite pour le bien des deux autres départements.

Lorsqu'il est nécessaire, les conseils d'administration distincts se réunissent en assemblées générales (*trade's unions*) pour étudier, débattre, résoudre un problème quelconque intéressant la raison sociale.

La mesure résolue, chacun rentre chez soi et dispose ses propres affaires comme il l'entend.

Si tel département a besoin de ressources extraordinaires, il les emprunte aux départements associés.

Si tel département a un trop-plein, il l'offre à celui des deux autres qui peut l'employer, ou bien il le donne à tous les deux.

Et, le roulement établi, il se produira inévitablement ceci.

De même que, dans la société, un homme isolé vaut un, et que deux hommes associés valent quatre, vos trois départements coopérants vaudront neuf.

Si MM. Tels ont fondé à eux seuls des entreprises qui, en se développant, s'appellent aujourd'hui *la Belle Jardinière, Pygmalion, la Ville de Saint-Denis, la Ménagère, le Bon*

Marché, *le Printemps*, *le Louvre*, pourquoi votre départetement Commerce, profitant des conseils éclairés de ses deux départements associés et de leurs ressources, n'en créerait-il pas de semblables ?

De semblables, cela n'en vaudrait guère la peine : il en créera de supérieures.

Si M. Tel ou Tel se trouve à la tête d'une fabrique, d'une usine, d'une raffinerie, d'une fonderie, d'une minoterie, d'une manufacture, d'une industrie colossale quelconque, due à leurs seules forces, pourquoi, usant des mêmes procédés qu'aura employés le département Commerce à l'égard de ses deux coassociés, celui de l'Industrie, à son tour, ne monterait-il pas d'aussi magnifiques établissements ?

Si M. Tel a fait prospérer à lui tout seul une petite maison de banque qu'on dénomme à présent « le Comptoir de.... », « la Caisse des.... », « le Crédit du.... », « le Sous-Comptoir des.... », pourquoi, par les mêmes moyens employés déjà par vos deux autres départements, celui de la Finance ne réussirait-il pas dans les mêmes proportions ?

Mais il réussira, mais tous réussiront, et vous verrez que les splendides établissements que j'ai dû indiquer et ceux que j'ai dû taire ne seront que des bicoques à côté des vôtres !

On peut, sans se faire d'illusions, avancer et appuyer sur ce point, que deux de vos départements fussent-ils en détresse, en déconfiture, en capilotade, le troisième, le département prospère, à lui seul les fera vivre.

C'est simple comme la formule : un et un égalent deux, c'est-à-dire unité jointe à unité forment dualité.

L'entreprise ne présente aucun risque ; l'entreprise est vaste, prodigieuse, colossale, pyramidale, mais elle est simple.

Elle se réduit à la centralisation unique des richesses

éparses, à l'association simple de toutes les forces productives et de tous les intérêts.

Ce serait à douter de notre talent commercial, à trembler
pour notre génie industriel, à désespérer de notre habileté
financière, si, l'idée étant acquise, nous, Français indus-
trieux et inventifs, nous n'employions tous nos soins et ne
déployions tous nos efforts à la faire triompher !

Je suis convaincu qu'en intéressant tout le monde à la
réussite de l'œuvre, à commencer par tout ce qui porte un
nom dans l'organisation sociale à Paris, elle réussirait pour
la satisfaction des besoins et au delà des rêves de chacun.

Une entreprise privée a produit tels résultats, votre entreprise à vous, notre « affaire » à tous, en produira de
bien plus grandioses.

C'est limpide comme de l'eau de la Dhuys.

J'entends déjà crier : Vous allez anéantir le petit négoce,
le petit commerce, la petite industrie...

Est-ce que votre système actuel les respecte ?

Est-ce que, pour une modeste maison, le voisinage d'un
grand bazar n'est pas écrasant ?

N'était l'esprit d'indépendance qu'il manifeste, le petit
industriel n'a pas de raison d'être : il est toujours dévoré
par le grand.

Il expose des économies ou un avoir insuffisant qui lui
est échu par héritage ; il espère réussir, et il échoue.

A dater de ce moment, la vie est plus sombre pour lui
que s'il n'avait jamais rien possédé.

Que deviendra-t-il ?

Il deviendra également notre auxiliaire.

Il ne risquera plus son petit capital ; il le fera grossir
en aidant le nôtre à se décupler.

Nous n'achèterons point de fonds, bons ou mauvais ; nous
louerons des locaux.

Rien que des locaux vides, spacieux, éclairés, aérés.

Nous les meublerons des meilleurs produits, des outils les plus estimés, des procédés de fabrication les plus perfectionnés, des machines les plus parfaites que la science moderne puisse mettre aux mains des travailleurs, et ces mains laborieuses agiront.

Nous contracterons des engagements, et nous y ferons honneur.

LES BÉNÉFICES

Comme on réalisera des bénéfices, et beaucoup ! on devra, deux fois par an, procéder à leur répartition.

Toute peine, dit-on avec raison, mérite salaire.

On fera bénéficier tous les coopérateurs, directs ou indirects.

On aura organisé une Association au second degré, c'est-à-dire une Société ayant déjà pour base le principe moral de l'association : on partagera les profits entre les associés du premier degré et ceux du second.

On calculera — et ce sera un jeu de hochets pour nos maîtres de la finance — ce qui revient en bloc à tous les associés directs et responsables et ce qui revient en bloc à tout le corps social.

S'efforcer d'améliorer la condition d'un individu présentant une « surface morale », c'est fort bien ; mais accroître les ressources de la Société à laquelle cet individu appartient, est une œuvre autrement féconde. C'est là la clef de la solution du problème, depuis si longtemps posé, de l'Extinction du Paupérisme.

L'ouvrier, à quelque branche de corporation qu'il appartienne, devra se contenter d'être rétribué selon son plus haut tarif. Il suffit qu'on augmente l'avoir de sa Société pour que le but que poursuit cette Société soit assuré.

Et il le sera doublement puisqu'on aura augmenté, par la participation aux bénéfices, les ressources des Sociétés, et celles de leurs membres par la fourniture de l'escompte.

On fera donc la part de tous, et vous verrez dans quel ordre et avec quelle précision !

On fera d'abord la part des bureaux de bienfaisance.

On fera ensuite la part des auxiliaires-dirigeants ; on fera celle des Sociétés qui les auront délégués.

On fera enfin la part des dames-dirigeantes ; on fera celle des Sociétés qui les auront désignées.

De là pour les femmes l'absolue nécessité de se grouper, de s'organiser en Sociétés et de développer celles qui sont organisées déjà.

Telle association qui aura fourni cinq ou six cents employés recevra tant.

Telle autre qui en aura fourni mille ou douze cents recevra le double.

Telle autre qui n'en aura pu donner que cent, cent cinquante ou deux cents, recevra tant.

Cela s'étendra à tous, à toutes ; cela s'éparpillera sans trêve, sans ralentissement, sur chacun.

Toutes Sociétés ouvrières, coopératives ou de secours mutuels, après avoir fourni les éléments pour fonder l'œuvre, s'enrichiront graduellement par une loyale participation aux bénéfices en même temps que, par la voie de l'escompte, s'enrichiront individuellement leurs membres et adhérents.

Comme, à moins de profonde incurie, ces Sociétés nous montreront quelque reconnaissance du bien qu'on leur aura fait, elles confieront à notre département Finance les sommes qu'elles destinaient à leurs fonds de retraites, sommes qui se seront singulièrement accrues.

Elles pourront avancer de quelques années, de dix ou douze peut-être, la limite d'âge où d'ordinaire on accorde ces pensions. A coup sûr, elles leur consacreront dix fois plus.

Elles recevront notre argent, elles nous apporteront le leur, parce que la Caisse du Travail leur offrira certainement des avantages de placement qu'ailleurs elles ne rencontreraient pas.

L'ouvrier, quelle que soit sa profession, sa situation, sa fonction, verra donc ses ressources grossir des deux côtés.

Nous de même.

Il est juste que la récompense soit toujours en rapport des services rendus.

Tout se tient dans le commerce.

Tout se tient dans l'industrie.

Tout se tient dans la finance.

Il est encore plus naturel que tout se tienne dans la société.

Dans cet épanouissement de bien-être général, il n'y a qu'une chose qui diminuera progressivement et qui courra le risque de tomber, sinon à zéro, du moins à 1 franc, ce sera le chiffre des cotisations mensuelles.

Est-ce vrai ?

LA VENTE AU COMPTANT

On ne peut faire l'escompte sur des opérations effectuées à crédit, autrement dit à terme.

Nous n'opérerons partout qu'au comptant.

Mais tout le monde n'a pas d'argent dans sa poche.

Beaucoup de ménages, et des plus respectables, ont besoin du crédit.

C'est même là une seconde espèce d'aléa et une quatrième source de profits pour les marchands.

Notre département Finance (chapitre : Prêts sans intérêts) saura obvier à cette défectuosité — disons mieux, à cette calamité.

Il avancera aux ménages qui lui en auront fait la demande par écrit, toutes les sommes qui leur seront nécessaires pour leurs dépenses de première quinzaine ou de premier mois.

Si ces ménages ont besoin le mois suivant ou la quinzaine suivante, on renouvellera le procédé.

Si ces mêmes ménages ont encore besoin la troisième quinzaine ou le troisième mois, on reproduira la même opération.

On effectuera ce mouvement autant de fois qu'il sera

utile de le faire et jusqu'à ce que tous les ménages parisiens possèdent assez d'avances personnelles pour n'avoir plus besoin que d'aller consommer comme tout le monde.

Leur dépense devant produire inévitablement des bénéfices, l'escompte qui résultera de leurs achats trimestriels garantira partie ou totalité de tous leurs emprunts.

On ne peut courir aucun risque de perte, puisque les emprunteurs qui useraient d'indélicatesse envers la Caisse du Travail s'exposeraient, en présence de la prospérité générale, à se priver des bénéfices futurs de l'entreprise ; mais, soyez tranquilles, on ne lui empruntera que pendant peu de temps, et l'on aura, pour s'acquitter envers elle, tout l'avenir.

Bien malveillant, ma foi ! qui soutiendrait la thèse contraire.

SERVICES DIVERS

Les services d'inspection et de contrôle ne peuvent offrir de grandes difficultés d'organisation.

Comment procèdent actuellement les maisons qui ont inondé la capitale de succursales ou de sous-comptoirs ?

Il n'est rien de plus facile à pénétrer que ces sortes de secrets.

Un seul homme, muni de fiches préparées pour cet usage, peut facilement opérer la visite de vingt-cinq ou trente boulangeries et enregistrer le genre de fournitures nécessaires à chacune d'elles.

Un autre, autant de boucheries.

Un autre, autant d'épiceries.

Une foule d'autres, autant de cordonneries, de serrureries, de bijouteries, de chemiseries, de magasins d'habillement ou de modes, etc., etc.

L'organisation doit se montrer telle que les auxiliaires dirigeants n'aient point à se déplacer jamais.

Enfin, à une heure désignée d'avance, les inspecteurs devront venir déposer leurs fiches, classées par ordre, à un bureau spécial (département Commerce ou département

Industrie), qui centralisera les commandes et les fera parvenir aux entrepôts ou aux magasins.

Il serait à souhaiter que tout ce monde commençât sa besogne à neuf heures du matin et pût l'achever à six ou sept heures.

On devra aviser aux moyens de donner au personnel le moins de peine et de lui procurer le plus de loisir.

N'aura-t-on pas, toute affaire cessante, à aller voir ses collègues, afin de les consulter sur ce qu'ils font ou se proposent de faire ? N'aura-t-on pas à entretenir le plus possible de relations d'amitié et de famille, à aller dîner en ville, à faire revivre nos bons vieux chansonniers : Debraux, Désaugiers, Gouffé, Lepage, Voitelain, Colmance, Béranger, Dupont, et passer la soirée au concert ou au théâtre ?

Ne devra-t-on pas surtout trouver le temps d'étudier nos bons auteurs et de lire notre journal, qui contiendra souvent de nombreux suppléments ?

L'OUVRIER QUI EST UNE NON-VALEUR

Ce malheureux, croyez-vous que nous l'ayons abandonné?

Non.

Pourquoi ?

Parce que notre conscience humaine s'y refuse, parc que nos devoirs confraternels nous l'imposent, parce que notre intérêt l'exige.

Il deviendra, à son tour, notre auxiliaire.

Quand ?

Quand il se sera nettoyé, moralisé, instruit, affilié, associé.

Quand il se sera joint à nous pour faire triompher le principe de l'association.

Il lui suffira de voir notre organisation et les résultats qu'elle comporte pour qu'il lui vienne le désir d'y participer.

Il est resté indifférent jusqu'ici ; l'exemple le stimulera.

Il s'en moquait ; il ne s'en moquera plus.

D'ailleurs, le « sarrasin » ne travaille pas absolument mal.

Il travaille un peu moins bien et de façon irrégulière,
voilà tout.

Il ne lui manque que le sentiment du goût et celui de la
solidarité.

Vous lui insufflerez l'un, vous lui inculquerez l'autre.

Habitué à ne songer égoïstement qu'à lui, il bousille ;
quand il verra qu'il peut se mêler à l'action commune, il
fignolera.

Dans l'ordre actuel des choses, il n'est pas, à vrai dire,
une non-valeur, mais une valeur moindre ; dans l'ordre nouveau, il sera une valeur plus forte qui s'ajoutera à la nôtre,
laquelle aura grandi aussi.

Comptez !

LES GRÈVES

Ceci est la question brûlante.

La situation faite à l'ouvrier par l'envahissement constant de la grande industrie, l'oblige, à des intervalles de plus en plus rapprochés, de recourir à cette funeste arme de combat : la grève.

Les exigences de l'exploitation sont croissantes ; les besoins des travailleurs sont croissants.

De là lutte, et lutte continuelle.

Quelles que soient les péripéties de cette lutte, la victoire définitive appartient toujours au Capital.

Entraver l'essor de la spéculation ne peut se faire qu'en faisant passer l'instrument de travail des mains des exploitants aux mains des travailleurs.

Les tarifs actuels leur suffisent ; qu'ils s'appliquent à ce qu'ils soient toujours observés et, par le jeu de répartition que nous avons indiqué, leur situation, de précaire qu'elle était, se transformera du tout au tout.

Dans l'ordre de choses établi, ils ne peuvent entrer en concurrence sur le terrain du prix des produits : ce serait trop facile, mais déloyal ; ils ne rivaliseront que sous le rapport de la qualité de ces produits : c'est encore plus facile, et loyal.

La garantie du lendemain leur fera prendre en patience l'abaissement du prix de toutes choses, et l'on y parviendra dans un temps plus ou moins éloigné, alors que les engagements à l'égard du capital souscrit seront satisfaits.

Ce n'est qu'une affaire de temps.

Quand les travailleurs auront fourni la preuve de leur capacité, c'est-à-dire avant que dix ans se soient écoulés, l'Académie n'aura pas besoin d'en être priée pour effacer de son dictionnaire ce mot gros de tempêtes et de larmes les Grèves.

L'IMPRIMERIE

Vous pensez bien que des amis de la lumière doivent tout d'abord songer à fonder une imprimerie.

Celle-là ne coûtera pas moins de deux ou trois millions.

On l'installera pendant qu'on préparera les manufactures, les usines, les minoteries, les fonderies, les boulangeries, les boucheries, les épiceries, les charbonneries, les magasins de vins et liqueurs, les chemiseries, les chapelleries, les maisons de mode, les magasins d'habillement, les merceries, les ganteries, les parfumeries, les serrureries, les cafés, les restaurants, les confiseries, les tapisseries, les ébénisteries, les bimbeloteries, etc., etc.

Nous n'établirons, ainsi qu'on peut le voir, que des spécialités.

Nous n'emploierons que des spécialistes, et ils connaîtront mieux leur affaire.

L'entreprise des Sociétés de consommation a échoué, pourquoi ? Parce qu'on y trouvait pêle-mêle toutes sortes de choses, et que c'était mal tenu.

Nous ne vendrons pas de vin là où l'on débite des cotterets. Comprenez-vous ?

Nous n'aurons donc que des spécialités, tenues par des spécialistes.

Et nous réunirons les plus diligents, les plus serviables, les plus experts, les plus fines-mouches, les plus charmants auxiliaires dans chaque partie.

Ainsi, pendant qu'on préparera de tous côtés, nous, sur la rive droite de la Seine, et l'année suivante sur la rive gauche, nous installerons notre imprimerie.

Quand le jour sera venu d'ouvrir, quand l'aurore aura reparu dans notre ciel rasséréné, quand le soleil — un soleil de Février, de Juillet ou de Septembre — inondera Paris de ses effluves bienfaisantes; quand la cloche de l'usine appellera les forgerons à leur enclume, les charpentiers à leur chantier, les mécaniciens à leur laminoir, les boulangers à leur fournil, les maçons à leur échafaudage, les bouchers à leur étal, les tripiers à leur tinet, les commis ou dames de vente à leurs rayons, les changeurs à leur guichet, les comptables à leur registre, les chapeliers à leur fourneau, les gantières ou parfumeuses à leur comptoir, les bijoutiers à leur cheville, les pharmaciens à leur laboratoire, les menuisiers à leur varlope, les serruriers à leur étau, les restaurateurs à leur buffet, les gâte-sauce à leur casserole, les giletières à leur étui, les décorateurs à leur pinceau, les luthiers à leur viole, les blanchisseuses à leur battoir, les apprêteurs à leur ratine, les tourneurs à leur gouge, les armuriers à leur fleuret, les frotteurs à leur brosse, les brocheurs à leur massicot, les faïenciers à leur marmite, les moissonneurs à leur faux, les vignerons à leur pressoir, les passementiers à leur parement, les gaîniers à leur écrin, les fileurs à leur tramail, les essayeuses à leur mannequin, les coupeurs à leur centimètre, les coiffeurs à leur fauteuil, les lapidaires à leur meule, les tisseurs à leur navette, les modistes à leur sidonie, les teinturiers à leur baquet, les

papetiers à leur ramette, les tonneliers à leur mailloche,
les mégissiers à leur corroi, les cordonniers à leur tran-
chet, les ciseleurs à leur burin, les émailleurs à leur
lampe, les ébénistes à leur tour, les marbriers à leur ciseau,
les charrons à leur ébauchoir, les jardiniers à leur râteau,
les selliers à leur harnais, les écrivains à leur bureau,
les manœuvres à leur roue et les artistes à leur chimère;
quand les mille bras du Travail seront conviés à la prise
de possession de son outillage ; à l'heure où ce fait historique à jamais mémorable s'accomplira, où cette grande
bataille pacifique et fraternelle sera gagnée, nous ferons
signe aux compositeurs de monter leur casse, nous invi-
terons les clicheurs à verser le métal en fusion dans le
moule cylindrique, nous donnerons à nos conducteurs
l'ordre de rouler, et nous lancerons notre journal.

A toute mécanique il faut un moteur.

Notre entreprise, qui ne sera rien autre qu'une puis-
sante mécanique moralisatrice, aura besoin d'un moteur
moral.

Ce moteur, ce sera le journal.

NOTRE JOURNAL

Il s'appellera d'un nom qui résume toute notre religion :
« La Sociabilité ».

Il portera comme sous-titre : *Organe de la Caisse du Travail et de l'Escompte sur la Consommation.*

Si nos trois départements associés y consentent, on ajoutera le nom du fondateur.

Oh ! ce journal ne ressemblera à aucun autre !

D'abord il ne nous coûtera presque rien.

Ses rédacteurs seront choisis parmi nos auxiliaires les plus éminents, ceux qui émargeront vingt-cinq, trente, quarante, cinquante ou soixante mille francs d'appointements, selon leurs capacités réelles (c'est une œuvre de réalisme : elle est vécue avant d'être née) ; en un mot, ceux de nos premiers administrateurs qui seront chargés de la conduite de chacun de nos trois départements.

Il sera tiré sur un papier de luxe que nous fabriquerons nous-mêmes et qui proviendra de la vente de nos chiffons de déchet.

Vous avez bien retenu son titre ? Il a été déposé au moment où paraissait ce livre.

Voyons ce que ce journal pourra contenir.

Il ne s'occupera pas de politique : discute-t-on un gouvernement comme le nôtre et avons-nous besoin de nous attarder à discuter celui de nos voisins ?

Il ne défendra aucun principe : il ne connaîtra que celui du libre-échange.

Il n'affichera aucun drapeau : sera-t-il pas assez voyant ?

Il signalera les changements de ministères ;

Il mentionnera les déplacements d'ambassadeurs ;

Il énumérera les nominations de fonctionnaires, de préfets, de sous-préfets, de maires et d'adjoints ;

Il enregistrera le résultat des élections sénatoriales ou législatives ;

Il proclamera les noms des nouveaux légionnaires de l'ordre national ;

Il reproduira les débats de notre Parlement ;

Il relatera les séances de notre conseil municipal et celles de notre conseil général ;

Il indiquera le cours de la Bourse ;

Il publiera le compte rendu des séances de nos cinq académies ;

Il donnera les discours sur les prix de vertu.

Il détaillera la liste de tous les prix fondés par la Ville et celle de tous les prix fondés par des particuliers richissimes, sans oublier les prix Montyon.

Il renfermera le programme des théâtres et des concerts.

Il insérera la liste des tirages d'actions remboursables ou à prime de nos grandes sociétés financières.

Il dénombrera les actes de mérite et les actions d'éclat.

Il dévoilera enfin tout ce qu'il est bon de connaître de la grande vie, fermée jusqu'ici aux regards des travailleurs.

Il initiera le public à toutes nos opérations.

Il ne déguisera rien de ce que nous ferons ou projetterons de faire.

Il ne parlera pas le langage de la vérité : il le criera.

Il ouvrira ses colonnes aux communications de tous les

chercheurs, de tous les rêveurs, de tous les inventeurs, de tous les constructeurs, de tous les hommes d'initiative, en un mot de tous ceux de nos auxiliaires qui daigneront s'ingénier à ajouter quelque chose au bonheur de leurs semblables.

Il communiquera les comptes rendus des assemblées de tous nos coopérateurs, soit ouvriers, soit dirigeants, soit dépositaires, soit administrateurs.

Il réservera une place pour la nécrologie illustre.

Il contiendra de tout, — sauf des annonces ; s'il s'en glisse, elles seront gratuites.

Il présentera surtout des colonnes de chiffres. Il y en aura pour ceux qui adorent la finance ; il y en aura pour ceux qui chérissent le négoce ; il y en aura pour ceux qui préfèrent l'industrie : il y en aura pour tous les goûts.

Et ce journal, s'il est consulté seulement par nos collaborateurs les plus proches, aura, dès son premier numéro, 500,000 lecteurs.

Si les populations suburbaines s'y intéressent, si nos correspondants s'y abonnent, si les départements s'émeuvent, si l'étranger désire y plonger les yeux, si les peuples voisins et amis veulent s'initier ; si, sans sortir de Paris, les gens du monde, les collectionneurs, les propriétaires oisifs, les badauds qui se croisent les bras pendant que les essaystes travaillent ; en un mot, si tous les indifférents mordent à l'hameçon de la curiosité une bonne fois, La Sociabilité aura bientôt un noyau d'un million de lecteurs.

En moins de deux ans, il lui faudrait faire face à un tirage de plusieurs millions.

Et il sera vendu deux sous, quel que soit le nombre de ses suppléments, c'est-à-dire qu'on le donnera pour rien.

Et l'on entendra gronder les rotatives, et l'on verra des phalanges d'expéditeurs et de porteurs accourir, et l'on admirera la cohorte de plieuses et de colleuses s'évertuant pour arriver à l'heure de la Poste. car on en occupera des femmes, mères, sœurs et filles de coopérateurs !....

Mais pendant que fonctionnera tout ce monde, quel silence devra régner dans la salle de composition! Ce ne sera pas un atelier, ce sera un temple. Il ne faut pas troubler les correcteurs dans la lecture de leurs épreuves, ni distraire les teneurs de copie dans leurs recherches, afin qu'il ne se glisse aucune faute dans nos lumineux articles ni d'erreurs dans nos respectables colonnes de chiffres, car il y en aura des chiffres, des chiffres, des chiffres !

Ce journal positiviste sera la plus complète œuvre d'art.

Et notre imprimerie, offrant l'escompte à tout client aura à exécuter tant de travaux en dehors même des nôtres, aura à expédier une variété si prodigieuse d'impressions de toute nature, que ma plume fatiguée se refuse à en entreprendre l'énumération.

Le journal LA SOCIABILITÉ ne sera pas intéressant, palpitant, attractif, il sera empoignant.

Ce sera l'annonciation d'une ère nouvelle, ce sera le certificat de capacité d'une classe tenue en suspicion « voilà des mille et des cents ans »; ce sera le témoignage de la moralisation d'une ville qui, à elle seule, pèse dans la main de Dieu plus que six univers ; ce sera le prélude d'un radieux concert d'harmonie qui frappera les échos des quatre coins de la terre; ce sera l'épanouissement d'un monde positif mais poétique, idéal et réel tout à la fois, qui accueillera dans son sein quiconque veut être laborieux, patient et digne ; ce sera le commencement d'une généreuse concorde; ce sera la fin d'une foule de malentendus ; ce sera la signature d'un indissoluble pacte d'alliance entre deux frères ennemis, nés pour s'entr'aider; ce sera l'exemple prenant la forme d'une preuve ; ce sera l'astre de la quiétude parisienne s'elevant majestueusement dans le ciel tourmenté de l'Europe; ce sera l'inauguration d'un mode prosaïque de faire le bien et de pratiquer la charité : en consommant beaucoup; ce sera l'intronisation d'une nouvelle école économique, supérieure à toutes, qui consistera à dépenser plus pour épargner davantage ; ce sera le voile de l'oubli jeté sur toutes les pages sombres du passé ; ce sera la griffe du lion posée sur le livre étincelant de l'avenir ; ce sera l'aube de la pacification universelle ; ce sera le chant joyeux de la fauvette attendu par Hégésippe et s'élançant jusqu'à la cime du chêne de liberté planté sur sa tombe, ce sera la *Marseillaise de la Paix* entonnée par Lamartine et répétée par des milliers de poitrines libres; ce sera la rétractation du mot le plus mensonger qu'ait écrit ce grand affamé de vérité, de justice et de logique, Proudhon ; ce sera le baiser revigorant de Molière venant effleurer des fronts oublieux des cruautés de Célimène ; ce sera le souffle vivifiant de tous les penseurs venant réchauffer le sang des plus humbles classes de travailleurs ; ce sera l'âme du vieux Corneille se réveillant après deux siècles de torpeur et imprimant à nos âmes une vibration toute romaine ; ce sera la bénédiction de tous les génies s'étendant sur tout un peuple pardonné ; ce sera la lettre de naturalisation d'une France américanisée et qui obligera toutes les nations à en solliciter une pareille, s'il leur plaît de se franciser à leur tour; en un mot, ce sera le don de joyeux avénement des nouvelles couches sociales.

Et qui aura eu le sentiment de ce monde merveilleux?

Le Capital, puisqu'il lui aura fourni les moyens d'éclore.

Et qui regrettera de ne point l'avoir vu florir plus tôt ?

Le Capital, parce qu'il n'a pas toujours été ni bien inspiré ni bien conseillé.

Et qui en recueillera le plus de fruits ?

Le Capital, puisqu'il récoltera sécurité et revenus.

Et qui, laissant de côté la misérable question d'intérêt, à jamais ensevelie, se sentira le plus profondément cha-touillé dans son orgueil des magiques résultats de cette création grandiose ?

Le Capital, parce qu'il est français, parce qu'il l'a témoigné quarante-trois fois, parce qu'il l'attesterait quatre-vingt-six fois encore !

Et qui, dans ce mutuel triomphe, devra montrer le plus humble et le plus reconnaissant ?

Le Travail, parce que, si haut qu'il s'élève, il sera tou-jours l'éternel obligé ;

Le Travail, parce que, s'il réfléchit avec justesse, il re-connaîtra qu'il n'est encore qu'un simplet adolescent bon à renvoyer à l'école ;

Le Travail, parce que, s'il ne sent plus le frein, il ne doit pas pour cela rompre toutes ses lisières ;

Le Travail, parce que, s'il étudie attentivement son puissant organe, LA SOCIABILITÉ, il y verra, à l'article « Etudes scientifiques », que lorsqu'on se lance à la décou-verte d'une vérité profonde, chaque pas en avant qu'on fait vers le but ne le rend, hélas ! que plus insaisissable ;

Le Travail, parce qu'après le passage d'un cyclone qui a failli vous engloutir, il ne faut pas croire qu'on soit sauvé parce que l'on aperçoit le rivage ;

Le Travail, parce qu'il sort de l'âge d'airain, parce qu'il va entrer dans l'âge d'argent et qu'il lui reste à at—teindre l'âge d'or, terre promise qu'il est de son essence, de son intérêt, de son devoir de poursuivre, mais que nul ne peut jamais se flatter de toucher;

Le Travail, parce qu'il n'était Rien, parce qu'il va être Quelque Chose et parce que, à moins de miracles, il ne sera jamais Tout.

Honneur au Capital ! honneur au Travail !

Gloire à tous deux !

PARIS SOCIABLE

Il est à peine besoin d'indiquer sa physiono mie.

C'est une complète métamorphose.

Quelle est-elle ?

Sous la direction des plus habiles financiers, so us l'impulsion des plus énergiques industriels, sous le regard des négociants les plus avisés, Paris travaille.

Il écrit, il invente, il fabrique, il édifie, il confectionne, il achète, il vend, il échange, il consomme.

Paris fait tout cela au profit de qui ?

Au profit de Paris.

La fortune publique, au lieu d'être drainée par quelques-uns, rejaillit sur chacun et sur tous.

Où il y avait un exploiteur, il y a un mandataire.

Où il y avait des patrons et des ouvriers, partant des divisions, il y a des auxiliaires, des égaux.

Où il y avait un salarié, il y a un associé.

Où il y avait un monsieur quelconque, il y a quelqu'un.

Où il y avait un corps, il y a un esprit.

Où il y avait des esprits, il y a des es.

L'honnêteté est partout.

Elle s'impose.

Où l'on travaillait mollement pour un salaire mesquin, on travaillera fort pour produire et dépenser beaucoup.

Où l'on spéculait pour amasser vite et humilier le voisin, on échangera dignement, lentement et sûrement, affranchis des préoccupations sordides du lendemain.

A quoi bon grappiller? on pourra vendanger.

A quoi bon glaner ? on devra moissonner.

La pension de retraite de chaque citoyen et de chaque famille ne se formera-t-elle pas d'elle-même?

L'escompte sur la consommation, d'une part, et de l'autre, la prospérité grandissante de nos sociétés respectives ne seront-ils pas la double garantie de l'existence de cette pension?

Oui, nous posséderons tous des rentes, de belles rentes au soleil, et la richesse nationale s'accroîtra d'autant.

Un calcul récent, présenté à l'une des premières associations de Paris, ne permet pas de croire que le chiffre de la pension de retraite puisse dépasser 360 francs par an.

Prenons-le pour base.

Si, comprenant mieux ses intérêts, l'ouvrier se faisant recevoir de sa Société professionnelle s'accorde ainsi un diplôme de capacité, puis ajoute à ce diplôme le brevet de moralité que donne l'entrée dans une Société de secours mutuels, il s'assurera donc, après vingt-cinq ou trente an de sociétariat, une double pension de 360 francs, soit 720 francs.

Joignez à ces deux pensions (côté social et fraternel) le produit capitalisé de l'escompte sur la consommation (côté sociable et individuel), vous vous créez une troisième pension de 360 francs ; au total, 1,080 francs.

Ces 1,080 francs, jetés à nouveau dans la circulation, ne contribueront-ils pas à compléter le revenu respectable et nécessaire de 1,200 francs de rente après trente ans de travail accumulé et moralisé ?

L'Utopie de Thomas Morus, qui était chimérique la semaine dernière, sera une réalité banale la semaine prochaine.

La considération publique, la confiance réciproque, le respect de la propriété seront tels qu'on pourra s'absenter de chez soi, aller se promener, danser, folâtrer sur l'herbe, assister aux courses, suivre les régates, visiter les musées, courir toutes les fêtes, voir lancer le ballon dirigeable à volonté qu'aura enfin trouvé Nadar ou Edison, partir en train de plaisir pour sa maison de campagne ou pour Dieppe et Fécamp, sans qu'il soit besoin de fermer sa porte à clé.

Toutes les demeures seront inviolables.

La plus inviolée de toutes sera le siège de la Caisse du Travail.

Tout le monde veillera dessus.

Paris sera méconnaissable.

Paris, se développant à la fois moralement et physiquement, sera en moins de dix ans l'égal en superficie de New-York et Londres

Paris, organisé comme il l'était, a pu payer la moitié environ du budget de la France ; à l'avenir, il pourra le payer en totalité à lui seul.

Il sera presque inutile d'établir des succursales en province : les charges de nos compatriotes s'allègeront de tout ce que pourront supporter les nôtres.

Et si le gouvernement — ce gouvernement républicain que nos votes ont établi et n'ont jamais mis en question — a pu être discuté, ébranlé, renversé, il sera assis, consolidé, indestructible.

Si l'Etat a besoin, contre toute probabilité, de cinq milliards, pour en revendiquer cinq, on peut affirmer que c'est Paris qui les lui fournira.

Mais dans tout cela que deviendra la fameuse Question sociale ?

La Question sociale !

Vous savez bien qu'il n'y en a pas.

Mais, tas de Nigaudinos et de Seringuinos que nous sommes, le plus fin et profond politique que la France ait jamais possédé, Gambetta, maître Gambetta avait raison : il n'y a pas de question sociale.

Non, il n'y a pas de question sociale.

Il y a une foule de questions sociales.

Il y a une infinité de rapports sociaux.

Salut, mon beau Paris !

RÉSUMÉ

Soit en France, soit à l'étranger, les économistes — et l'on ne peut s'honorer de ce titre qu'à moins d'être guidé par une bonne foi absolue — ont vainement fouillé la Question qui nous occupe, parce qu'ils se sont placés tous sur un terrain insuffisamment préparé pour en recevoir le germe.

Ils ont poursuivi la solution du « problème social » en se mettant au point de vue de la société prise dans son ensemble, c'est-à-dire en dehors du « corps social » vrai.

De là l'inanité de leurs recherches.

On doit procéder synthétiquement : aller du simple au composé.

Le problème « social » n'intéresse que le « corps » social.

Il faut, croyons-nous, limiter le champ d'étude de la théorie, pour mieux l'étendre indéfiniment ensuite par l'expérience, à cette seule partie de la société qui offre d'abord une surface morale, qui possède déjà des attaches sociales, qui lutte, non pour des intérêts personnels, mais pour des intérêts sociaux, et présente enfin des titres irrécusables de parfaite sociabilité.

Ici, en effet, tout change : l'idée revêt une forme, le rêve prend une figure, l'utopie cesse d'être une utopie.

Pourquoi?

Parce que vous vous appuyez sur un principe fécond : le principe moral de l'association.

Pouvons-nous méconnaître que la force et la vertu de ce principe échappent encore à une notable moitié de la société? que cette moitié de la société, par égoïsme ou ignorance, reste réfractaire à tous les efforts tentés pour l'englober dans ce mouvement de confraternité et de progrès?

Tout le monde, d'ailleurs, ne peut pas coopérer à ce mouvement.

Il y a des classes aisées.

Il y a des classes pauvres.

Il y a des rentiers.

Il y a des mercenaires.

Il y a des bourgeois.

Il y a des travailleurs.

Tout le monde ne peut donc être attaché au même titre à la conquête de la découverte.

Il faut pourtant y intéresser tout le monde.

Notre méthode en fournit les moyens.

Ils se réduisent à deux points :

Pour les consommateurs, l'escompte sur toutes leurs dépenses ;

Pour les sociétaires participants, l'enrichissement de leurs caisses sociales;

Pour tous et entre tous, l'établissement de rapports d'une dignité et d'une honorabilité parfaites.

La solution du Problème est réalisable en associant le « corps social » seulement, en offrant de réels avantages à tous ceux qui ne voudront ou ne pourront rester que de simples consommateurs, et en n'imposant à personne le sacrifice d'aucun renoncement à sa situation acquise, à sa complète liberté d'action, à ses sentiments instinctifs d'indépendance , à ses croyances politiques ou religieuses.

Cette preuve établie, il en restera une autre plus noble à faire : c'est que la richesse matérielle en elle-même est une erreur, que la France n'est vraiment riche que de valeur morale, et que c'est cette valeur immense qui lui a permis, mieux que ses trésors industriels et agricoles, de contracter l'énorme dette qu'elle a dû s'imposer en 1872-73 et de voir son formidable emprunt couvert autant de fois qu'il l'a été.

Croit-on vraiment que la fortune matérielle de la France soit la plus solide garantie de cet emprunt ?

Non.

Sa meilleure garantie, sa garantie seule infaillible, c'est sa valeur morale.

La fortune a des retours funestes et subits ; la vertu n'en a pas.

Ne cherchons donc, dans la poursuite du Problème social, qu'à élever le niveau moral de notre pays.

Le reste viendra par surcroît.

Qui sait si, quand on aura démontré au travailleur que le pain du lendemain lui peut être assuré, que l'extinction du paupérisme n'est pas un vain mot, que tous peuvent et doivent atteindre à la fortune ; qui sait si cette fortune, naguère tant désirée, il ne la dédaignera point ?

On aura donné l'éveil aux sentiments généreux, il y aura lutte dans le sens du désintéressement.

On aura resserré les liens de la fraternité humaine.

On se sera rendu solidaires les uns des autres.

On aura, de cette ruche laborieuse qui a nom la population parisienne, formé une vaste famille.

On se sentira démesurément grandis et invincibles.

Une seule force aura eu raison de toutes les divisions, de tous les appétits, de toutes les haines : le principe moral de l'association.

On ne sera plus des envieux ni des satisfaits, on sera des repus.

Paris continuera de faire la leçon, leçon toute de morale, à l'univers.

RÉSOLUTION

Voilà le projet dans toute sa candeur.

Maintenant, à la besogne !

Une poignée d'audacieux spéculateurs pourrait se donner l'agrément, pour la bagatelle de 20 ou 25 millions par tète, de risquer l'aventure, — et d'échouer.

Il convient, si on consent à le faire, de ne tenter l'expérience qu'à coup sûr.

Un centime est respectable au même titre qu'un million.

Il est bon de n'exposer ni les millions ni les centimes.

Il ne faut pas lancer le capital dans une aventure.

Il faut l'intéresser à une bonne œuvre et à une bonne affaire.

Il importe d'améliorer le sort des classes déshéritées.

Il importe surtout de ne pas entacher l'honneur des hommes d'élite qui voudront bien prêter leur concours au service de l'idée.

Il importe enfin d'être assuré de la réussite avant même d'avoir commencé.

Il faut à pareille entreprise intéresser tout le monde, puisque tout le monde est intéressé à son succès.

On demandera au crédit public plusieurs centaines de millions, peut-être un milliard, peut-être plus.

On ne lui demandera que juste ce qu'il faut.

On a trouvé cinq milliards pour prix de la guerre: on doit en trouver la moitié pour prix de la concorde.

Ce n'est pas trop pour rendre heureux tout le monde, ce n'est pas trop pour pétrir d'honnêteté tout le monde, ce n'est pas trop pour garantir à tout le monde le lendemain et la sécurité.

La CAISSE DU TRAVAIL peut être placée sous le patronage de l'État.

Dans l'ordre républicain, le citoyen ne fait-il pas corps avec l'État? l'État n'est-il pas l'émanation directe du citoyen?

J'appelle donc de tous mes vœux, non la protection, mais le patronage de l'État.

On peut fixer le prix des actions à 500 francs, payables en deux versements, soit 250 francs lors de l'émission et 250 francs six mois après.

On peut offrir aux souscripteurs un intérêt de 6 0/0 et aux consommateurs un escompte de 6, 8 ou 10 0/0.

Les bénéfices réalisés dans les entreprises privées, tant dans le commerce que dans l'industrie et la finance, étant d'au moins 20 ou 25 0/0, on aura donc une plus-value de 8, de 9 ou de 10 à répartir entre tous les associés directs et les associés au second degré.

C'est aux maîtres de la finance qu'il appartient de poursuivre cette étude.

En tous cas, on devra aviser aux moyens d'accorder le plus haut chiffre au tarif des pensions; à multiplier le nombre des établissements; à ouvrir le plus grand nombre possible d'écoles; à fermer le plus possible d'hôpitaux et, chemin faisant, à semer la plus grande somme de bien.

Quand Paris sera pourvu et que le fonctionnement de

cette généreuse entreprise sera assuré, on ira doter d'établissements analogues Rouen, Amiens, Beauvais, Orléans, Nantes, Bordeaux, Toulouse, Lyon, Marseille, Alger, Constantine, Bône, etc., tous les grands centres où l'organisation sociale le permettra.

Au bout d'un exercice de vingt ou vingt-cinq ans, si l'on peut amortir l'emprunt, on le fera par voie de tirages, échelonnés d'année en année, et l'on devra rembourser à 1,000 francs les actions souscrites à 500.

Enfin, comme il serait indélicat, comme il serait criminel de désintéresser ainsi à vil prix ceux qui auraient jeté les assises de cette œuvre sociale, comme l'instrument de travail ne doit jamais appartenir qu'au Capital, on devra délivrer à chaque porteur d'actions libérées un titre de rente éternelle basóe sur les résultats approximatifs d'un nouvel exercice de vingt—cinq ans, puis d'un autre, puis d'un autre.

Après chaque exercice d'un quart de siècle, les trois départements consultés aviseront.

La rente doit être incessible et éternelle puisque le matériel créé par le crédit public sera productif et renouvelable à perpétuité.

Ces titres uniques seront les épingles offertes par le Travail à son éternel associé et ami le Capital.

CONCLUSION

Le projet dont on vient de voir l'esquisse ne pouvait naître que sous un gouvernement républicain, libre, honnête, battu en brèche par quelques-uns, défendu par le plus grand nombre, consenti par tous, enfin ayant pour base le suffrage universel.

On l'attendait depuis cinquante ans.

L'heure pressant, on s'est pressé.

Il vient à son heure.

Il n'émane ni d'un financier, ni d'un commerçant, ni d'un industriel, ni même d'un littérateur.

On a dû s'en apercevoir.

Ce projet est l'œuvre d'un inconnu.

C'est le travail d'un ouvrier syndiqué.

C'est le coup d'essai d'un prolétaire.

Il ne pouvait en être autrement.

Ce prolétaire a depuis trente ans donné le concours de ses bras et de son intelligence à bien des entreprises qui ont prospéré et grandi.

Sa situation d'infortune, à lui, est restée la même.

Va-t-elle enfin se modifier ?

Oui.

Il a conscience de son droit, de sa valeur, de sa force.

Il a foi dans la fraternité humaine.

Il a confiance dans l'avenir.

Il sent qu'il a peut-être découvert le levier rêvé par Archimède pour changer la face du monde.

Il sent qu'il a trouvé le moyen d'apaiser toutes les colères, de calmer toutes les souffrances, de sécher toutes les larmes, de dissiper toutes les inquiétudes, de satisfaire toutes les revendications.

Il sent qu'il a pénétré le fin mot de bien des énigmes qui pouvaient retarder l'ascension des esprits.

Il sent qu'il a tranché le nœud gordien qui entravait les pas de la caravane humaine.

Il sent qu'il a déterminé la route à suivre pour rendre pur ce qui était notablement mélangé, pour remettre droit ce qui était formidablement infléchi, pour obliger à redevenir intègre ce qui avait cessé définitivement de l'être.

Il sent enfin qu'il a posé son pied sur la première dalle du sanctuaire de la justice.

Il se repose en Dieu du soin de faire triompher toutes choses.

Il croit à la réalité de son idéal autant qu'à l'idéalité de son réalisme.

Il se refuse à supposer qu'une voix convaincue qui parle au nom de tous les déshérités — et qui parle raison — ne puisse pas être écoutée.

Mais cet inconnu, cet ouvrier syndiqué, ce prolétaire est seul.

Solus, pauper, nudus,

Il a besoin du concours de tous les dévouements, de tous les hommes de bonne volonté, de tous les esprits éclairés, de tous les artistes, de tous les génies.

Son œuvre a été conçue et menée à bien en vue du concours Pereire, dont le terme échoit le 31 décembre 1880.

DERNIER MOT

Les hommes d'étude ou les membres de la presse parisienne qui, sous forme de journal, de revue ou de brochure, daigneraient consacrer à ce Projet quelques lignes d'appréciation sont priés de faire parvenir journaux, revues et brochures à l'adresse ci-dessus.

Détail important : IL FAUT AFFRANCHIR.

INDEX

Pages.

2424-11-80. — Paris. L. GUERIN, Imprim breveté, 20, rue des Petits-Carreaux

Il se proposait d'adopter pour devise cette noble parole de David d'Angers: « J'ai le type populaire, mais j'appartiens à cette moitié du peuple qui lutte pour la justice et pour la liberté. »

La preuve en est faite.

Au comité d'examen à décider si, par l'impression de mon livre, je ne me suis pas mis moi-même à la porte du concours, si j'ai droit d'être compté au nombre des mille et un concurrents.

Qu'il délibère en toute indépendance.

J'estime que, parmi les doctes champions qui vont figurer à ce tournoi d'économie sociale, s'il se trouvait un seul homme qui eût trouvé aussi sûrement que moi, l'œuvre de cet autre inconnu ne prendrait pas la petite porte pour se faire jour; elle briserait la fenêtre.

D'ailleurs, je le déclare à mes juges, je ne suis rien moins qu'intéressé.

Je ne convoite pas la fortune.

Mon ambition porte plus haut.

Vous avez chez vous des portraits de famille; j'attends les miens : les états de service de tous les enquêteurs, de tous les chercheurs, de tous les trouveurs, de tous les réformateurs.

Je voudrais les livres de tous les logiciens, de tous les penseurs, de tous les poètes.

Je voudrais les travaux de cette brillante pléiade d'économistes qui, en passant par Malthus, Auguste Comte, Honoré Chavée et Proudhon, part de Saint-Simon, Rousseau, Robert Owen, Fourier, Cabet, Vidal, Villegardelle, Gérando, les deux Say, Bastiat, Lassalle, Jules Simon, Quételet, Louis Blanc, Adam Smith, Ricardo, Rossi, et vient aboutir à Karl Marx, à Stuart Mill, à Paul Cauwès et à Francesco Vigano.

J'ai soif d'étude et de lumière.

Je suis un ignorant; je veux me frayer une place dans le monde des arts et des sciences.

Je suis un déclassé, je veux aller où mon destin m'appelle.

Je suis pressé; je veux gagner du temps.

Pour n'en pas perdre, au lieu d'aller courir les bibliothèques, qui ouvrent si tard et qui ferment si tôt, je voudrais les avoir toutes sous la main.

Tout cela, vous le sentez, exige bien des sacrifices.

Comment y faire face?

On hypothèque des immeubles; un livre présente-t-il assez de « surface morale » pour être hypothéqué aussi?

Répondez, vous tous qui pouvez devenir mes collaborateurs demain.

Descendez au fond de ma pensée : vous y trouverez des élans d'orgueil enthousiaste; vous n'y découvrirez pas trace d'intérêt personnel.

Je me suis senti pousser des ailes en quinze jours; je désire en faire pousser à d'autres.

Vous rêvez, comme moi, la grandeur de la France.

Aidez-moi à lui faire atteindre son plus haut développement.

Rien n'honore plus que le travail; il faut souhaiter de pouvoir travailler toujours.

Peut-être viens-je de jeter dans la circulation une combinaison généreuse?

Ce n'est qu'une des faces de la Vérité telle qu'elle m'apparaît.

Je n'ose préciser au juste quelle partie elle représente, mais ce n'est pas le front; mettons que ce soit le pied...

Il y a longtemps que, dans mon esprit, sa découverte a pris le rang d'une démonstration banale.

Il y a mieux que cela à dire.

Il y a mieux que cela à démontrer.

Il y a mieux que cela à prouver.

Qu'on me pardonne cette longue péroraison : j'ai fini.

A la suite d'une longue étude sur la Question, j'ai dans une même semaine été violemment frappé de trois sortes de coups de foudre ; je les ai essuyés non sans souffrance, mais enfin les voilà emmagasinés.

J'ai trouvé d'abord cette solution du Problème social ; je la classe sous le n° 1 et je l'intitule : Premier Cahier du Travailleur.

C'est, on a dû le remarquer, une véritable improvisation.

Elle a été crayonnée sur une casse d'imprimerie, sous l'humble blouse de l'ouvrier.

J'étais fort mal à l'aise en pondant mon œuf, qui avait subi une incubation de plus de vingt ans ; le poulet s'en ressent : il lui manque des plumes.

Mon deuxième Cahier ne peut se faire dans les mêmes conditions.

Il sera d'une valeur historique plus haute, d'une vérité mathématique plus palpable, d'une portée morale plus convaincante.

Je ne puis l'établir qu'appuyé de témoignages vivants et écrits, de documents doublement humains.

Puissé-je avoir le temps et les moyens de le parfaire!

Ce sera le n° 2.

Il s'appellera : MORALE et POLITIQUE.

Il paraîtra quand la Chambre aura clos ses séances et se sera dit : Au revoir !

Jusque là, silence dans les rangs ; doit-on troubler les moribonds sur leur lit de douleur ?

Quant au troisième et dernier Cahier, j'ignore absolument ce qu'il pourra être, mais il devra, sous peine de nullité, se montrer encore supérieur aux deux premiers.

Il sera buriné, ici ou là, au nom de toutes les associations.

Je compare les trois phases de la réforme que j'élabore aux trois degrés de puissance balistique suivants :

1° Coup de pistolet de salon;

2° Coup de fusil à lumière renversée;

3° Coup de canon monstre.

Suis-je assez franc ? je vous avertis.

Si vous n'avez pas entendu le premier, c'est que vous êtes sourds.

Si vous n'êtiez pas secoués par le second, c'est que vous seriez bien malades.

Si vous n'êtes pas électrisés par le troisième, c'est que vous serez morts.

Mais je suis bien tranquille, vous vivrez, moi aussi.

Je veux dire : nous revivrons.

Seulement, comme les forces humaines ont des limites, si mes deux premiers coups ont porté, je ne tirerai pas le troisième tout seul.

J'ai dit.

Je suis né à Paris le 17 mai 1839 et je me nomme

Georges NICOLAS

Typographe syndiqué,

Rue Luc-Lambin, 6.

EN PRÉPARATION :

SECOND CAHIER DU TRAVAILLEUR

—

Au Président de la République

FRANÇAISE

—

MORALE & POLITIQUE

9194-11-80) — Paris, L. Guerin, imprimeur breveté, 26, rue des Petits-Carreaux

www.ingramcontent.com/pod-product-compliance
Lightning Source LLC
LaVergne TN
LVHW021748170726
843503LV00004B/1765